CB082958

LTR

1ª edição — 1961
2ª edição — outubro, 2006

DA SENTENÇA NORMATIVA
À luz da Emenda Constitucional 45/04

PAULO EMÍLIO RIBEIRO DE VILHENA

*Juiz do Tribunal Regional do Trabalho da 3ª Região, aposentado.
Professor Emérito da Faculdade de Direito da UFMG.*

DA SENTENÇA NORMATIVA
À luz da Emenda Constitucional 45/04

2ª edição

Dados Internacionais de Catalogação na Publicação (CIP)
(Câmara Brasileira do Livro, SP, Brasil)

Vilhena, Paulo Emílio Ribeiro de
 Da sentença normativa: à luz da Emenda Constitucional 45/04 / Paulo Emílio Ribeiro de Vilhena. — 2. ed. — São Paulo: LTr, 2006.

Bibliografia.
ISBN 85-361-0865-7

1. Justiça do trabalho — Brasil 2. Sentença normativa — Brasil I. Título.

06-4965

CDU-347.951: 331 (81)

Índice para catálogo sistemático:

1. Brasil : Sentença normativa : Justiça do trabalho : Direito 347. 951: 331(81)

(Cód. 3312.6)

© Todos os direitos reservados

EDITORA LTDA.

Rua Apa, 165 — CEP 01201-904 — Fone (11) 3826-2788 — Fax (11) 3826-9180
São Paulo, SP — Brasil — www.ltr.com.br

Outubro, 2006

"Ce livre tend plutot à ouvrir des voies qu'à fermer une."
Pius Servien

In memoriam
Maria de Lourdes Ribeiro de Vilhena
(21.09.1902-12.07.1928)
Minha mãe

SUMÁRIO

Nota Prévia à 2ª edição	11
Introdução	13
Sentença Normativa: Conceito e Estrutura Legal	17
Categorias Profissionais e Econômicas e Interesse Coletivo	24
O Conflito Coletivo de Interesses e sua Dinâmica	32
Os Conflitos Coletivos e o Estado	40
Dos Conflitos Coletivos à Sentença Normativa	56
A Sentença Normativa e o Ordenamento Jurídico	78
As Bases do Cotejo: O Plano Histórico e o Conceitual	103
A Jurisdição e a Legislação	107
Conteúdo Jurisdicional da Sentença Normativa	145
Bibliografia	159

NOTA PRÉVIA À 2ª EDIÇÃO

A primeira edição deste livro, de 1961, foi escrita como tese de concurso, razão pela qual, mesmo agora, mantém ele um fundo ou um desenvolvimento epistemológico, com as incidentes atualizações colhidas da jurisprudência dos Tribunais, em especial do Tribunal Superior do Trabalho.

Não se trata de um *de profundis* do instituto, mas de uma operação de reamostragem de sua importância e de sua resistência ao desaparecimento, o que se explica pela sua tradição no Direito do Trabalho brasileiro e pela inegável função emergencial que ele, inúmeras vezes, representou para a solução dos conflitos coletivos em termos de aplacamento dos processos iruptivos que pouca trégua dão a uma almejada, senão utópica, paz social.

Pelos titubeios do poder político, como se entrevê no § 2º do art. 114, da CR/88, com a EC 45/04, vê-se a tibieza dos poderes públicos em enfrentar o problema em sua realidade precípua, transferindo, mais uma vez, ao Poder Judiciário a tarefa, a última palavra até, de solver o intrincado da nova ordem, além da necessidade social de resolver o conflito.

O livro, pois, em sua segunda edição de agora, não representa uma crise de saudosismo. Ele é um esforço, a mais, para demonstrar que a *sentença normativa* não é uma ficção, mas um ponto de realidade inafastável da opção e do sistema brasileiro de se solucionarem os conflitos coletivos, apanhados em suas raízes sociais, jurídicas e em sua significação sociológica.

Para esta obra atualizada trago os melhores e mais calorosos agradecimentos a *Mônica Sette Lopes*, que a incentivou e com ela colaborou em todos os momentos de sua reprodução.

Belo Horizonte, outono de 2006.

O autor.

INTRODUÇÃO

A doutrina jurídica como a jurisprudência, assentadas em nítido lineamento de nosso direito positivo, estratificaram o conceito material da sentença normativa como regra abstrata, fonte de direito, além de tranqüilizar a competência de sua elaboração nos órgãos da Justiça do Trabalho, em seus Tribunais Regionais e Superior.

No direito corporativo italiano, em que rútila doutrina a triturou, esmiuçou e definiu, buscam-se os lauréis de sua estrutura, de sua dinâmica e de sua expansão, que vem percorrendo a doutrina pátria em construções do mais requintado lavor exegético.

Já o problema da competência dos Tribunais do Trabalho, para a edição de normas abstratas, reguladoras de situações jurídicas impessoais, sofreu debate árduo, desde a Constituição de 1934, que, iniciado na Tribuna do Parlamento, extravasou para a imprensa, nas mais cadentes controvérsias doutrinárias.

No recesso político de 1937, instituiu-se a Justiça do Trabalho. A aquiescência jurídica, que a sucedeu, apenas revelou indiscutibilidade de delegação de poderes, cometendo-se a órgãos da Justiça do Trabalho, então de feição administrativa, a tarefa de editar normas gerais regulando situações de fato.

Sob os auspícios da Carta de 1946, ressurgiu porém tênue a controvérsia. Os Tribunais do Trabalho, já integrados no Poder Judiciário, não mais tergiversaram na sua peculiar competência normativa, no que obtiveram tranqüila confirmação do Supremo Tribunal Federal.

Se, por um lado, a atenção dos juristas correu toda para precisar o conceito e conteúdo daquela nova fonte de direito, nela surpreendendo caprichosas singularidades de jovem estranha, por outro, se porfiou, como superiormente o lograra *Oliveira Viana*, por assentar legitimidade da competência aos Tribunais do Trabalho na formação processual de atos que são verdadeira lei material, situações essas que acabaram por penetrar e compor a aceitação geral do ordenamento. Se se não nega à sentença normativa, depois disso, a qualidade de fonte formal de Direito do Trabalho, a par de seu sucedâneo, o contrato ou convenção coletiva do trabalho, verifica-se que a doutrina, já no plano do direito público constitucional, não se despertou imediatamente para aquele estranho processo de formação de leis grupais, que se inseriu no ordenamento jurídico pátrio, com reflexos da mais larga importância na fisionomia da Constituição e no funcionamento dos poderes da República.

Sob o prisma da evolução do direito, à essência do coletivo, como modelo construído pelos caminhos acima enunciados, justapõe-se o homogêneo, o transindividual, o difuso em que a pessoa se *desindividualiza* e se esconde sob a capa protetora de um grupo que se cobre de indistinção. A ação civil pública, a substituição processual ampla (na linha do entendimnto que se vem formando majoritariamente nos Tribunais do Trabalho) e o mandado de segurança coletivo são alguns dos instrumentos que fazem desaguar na ordem jurídica uma sentença que escapa do plano individualizador e, pela dimensão de seus efeitos, espalha-se pelo sistema com a generalidade que faz lembrar a lei sob o plano material[1].

Até que ponto o poder legislativo se constringiu e deixou ao judiciário uma área de normatividade; até que ponto o judiciário se apropriou da função legiferante e até que ponto, autonomizando-a, desfigurou a função jurisdicional; ou até que ponto, desgarrando-se do legislativo, fugiu-se aos tentáculos ou por ele não mais pode ser alcançado; ou até que ponto, desbordadas as linhas mestras das fontes de direito tradicionais, por meio da reelaboração competencial e atributiva dos poderes estatais, se deixou à mão dos Tribunais, para além do Legislativo, um campo autônomo de ação substancialmente legislativa e, partindo-se da legitimidade da competência, onde situar-se a sentença normativa como emanação jurídica de captação geral, porque fonte de direito é, e em que grau, e até que ponto e porque implicada está a sua submissão à lei ordinária, na irradiação de eficácia jurídica, no campo operante da normatividade dos grupos ou se a Constituição de todo a desprendeu e a injetou, diretamente, nos Tribunais do Trabalho, poderes criadores intocáveis, que se inoculam nas normas editadas para os grupos dissidentes, a despeito da lei ou que limites seus há de ela respeitar, como atividade legiferante, eis o que nos cumpre indagar.

A matéria, em seu fundo doutrinário, não se encontra de todo tranqüila e sofreu debate mais árduo, em vários momentos, como quando da

---

(1) Não é objetivo deste trabalho o tratamento minucioso deste tema. Para maior aprofundamento, sugere-se o exame de, entre outros, SOUSA, 2003, MANCUSO, 1991, MAZZILLI, 1991, ESTAGNAN, 1995, ARAÚJO FILHO, 2000.

promulgação da Lei n. 2.510, de 20 de junho de 1955, cuja redação, de escassa diplomacia e expressividade jurídica, lavrou resistência no Colendo Tribunal Superior do Trabalho, que lhe tirou a pecha de inconstitucional. A discussão renova-se, sob o enfoque da política jurídica, agora, quando se cuida da aplicação das inovações introduzidas pela Emenda Constitucional 45/04.

Ao cuidar de uma análise da sentença normativa e *pari passu* com a função jurisdicional, tem-se por escopo desvendar até que ponto ela inovou no ordenamento, e de como nele se inseriu e qual o posto que ocupa na hierarquia das fontes. Versa-se em fenômeno jurídico, que os tratadistas vêm entendendo por mais característico e peculiar ao Direito do Trabalho e que, sociologicamente, se pode ter pela erradicação parcial de uma forma autônoma de grupos intra-estatais regularem suas relações de trabalho — a par de outra forma mais pura, como os convênios coletivos —, com atribuição ao Estado de editá-lo.

Aí está um instituto jurídico — de contornos magistralmente sintetizados por *Carnelutti* em suas faces híbridas de formação e natureza — que puxou o ordenamento para certo lado, imprimiu-lhe fisionomia nova e preserva, nos grupos econômicos e profissionais, a mais rica área de equacionamento de interesses, com repercussão imediata, consecutiva, incansável e satisfatória nos procedimentos apaziguadores com que o Estado brasileiro procurou dotar seu Direito positivo, com fito de harmonizar, linear, canalizar o jorro das conturbações sociais, a que o século XX de capitalismo ora exausto, ora remontante, assistiu.

A sentença normativa é um suporte, em que as instituições sociais, tocadas de tradicionalidade, amparam um mínimo de sobrevivência e tranqüilidade; um veio, que faz escorrer, dentro de garantias de segurança, de visibilidade plena, o surto conflitual iruptivo das forças econômicas em face da realidade do trabalho. Por trás das arremetidas sociais dos trabalhadores ou da irrefletida resistência das forças patronais, ali estão os Tribunais do Trabalho, com sua permanente segurança, seu cunho de certeza na elaboração da paz do grupo, como que um dique insubstituível, intocável, no eqüidistante óbice ao pleno poder das massas trabalhadoras ou das forças econômicas.

A sentença normativa será examinada como criação da técnica jurídica, em sua singularidade e procurando se atingir o limite da competência dos órgãos da Justiça do Trabalho e o esforço legiferante, para que o meio de se resolverem as controvérsias coletivas alcance suas finalidades. Os tribunais deverão esgotar sua autonomia, enquanto se fizer necessária, para que o instituto, constitucionalmente criado e amparado, de grande aprovação em nossa experiência jurídico-social, não se perca e não se traia ou não se esvazie em seus legítimos objetivos.

Quando a política jurídica, pela Constituição, colocou nas mãos do Poder Judiciário a edição de normas gerais, leis de grupo, normas abstratas, originariamente da competência do Poder Legislativo, impeliram-na reclamos e necessidades sociais da maior significação. Para isso, descobriu-se um veículo mais adequado, de maior elasticidade e leveza na elaboração de normas jurídicas, de flexibilidade e de dinamicidade indispensável ao seu destino.

O plano teleológico desempenha, aí, papel da maior relevância.

À primeira vez, uniu a técnica jurídica, no estuário de uma fonte de direito, sistemas tradicionais autônomos: o formal jurisdicional no material legislativo.

Do ponto de vista doutrinário, a singularidade jurígena, de sabor mitológico, para além de sintonizar, na aguda observação de *Carnelutti*, um campo diverso e mais extenso da função jurisdicional, vem confirmar plenamente a teoria de *Kelsen* da incindibilidade do ordenamento jurídico, que se revela, apenas, numa hierarquia conceitual de suas fontes.

SENTENÇA NORMATIVA:
CONCEITO E ESTRUTURA LEGAL

Tornou-se pacífico, doutrinária e jurisprudencialmente, no encalço da legislação, situar a sentença normativa como fonte de direito, no sentido de que irradia efeitos jurídicos gerais e abstratos para o futuro, como campo de incidência objetivo-subjetiva limitado, entretanto, às categorias profissionais e econômicas que se tenham envolvido no processo de dissídio coletivo[1].

A raiz legal do conceito e sua sustentação no direito positivo brasileiro já se haviam combinado no art. 123, § 2º, da Constituição de 1946, no art. 134 da Constituição de 1967, com devolução à lei do preenchimento e limitações no § 1º e, atualmente, no art. 114, § 2º CR/88. Sobre ser norma fixadora de competência (direito formal), avançava o § 2º do art. 123 da Constituição 1946 para o elemento de conteúdo, com atribuir, pela de lei ordinária, à sentença normativa, a elaboração de regras de fundo sobre relações materiais de trabalho, situação que se submeteu às limitações e às devoluções ulteriores do art. 134, § 1º da Constituição de 1967, resguardando o preenchimento prioritário das normas e das condições de trabalho nos dissídios coletivos assegurados à lei.

No plano da lei ordinária, a menção à sentença normativa, como fonte de direito, oscila entre a omissão, a virtualidade e a expressa declaração.

---

(1) Cf. MORAES FILHO, 1960, v. 1, p. 188; SÜSSEKIND, MARANHÃO, VIANNA, 1957, v. 1, p. 174; GOTTSCHALK, 1944, p. 433; SÜSSEKIND, 1960, t. 1, p. 201-2, em que cita acórdão do TST, 3ª T., proc. 5046, publicado no DJ de 11.11.1955; GOMES, 1944, p.174 *et seq*.; CESARINO JÚNIOR, 1953, t. 2, p. 144, n. 213, GOYATÁ, 1953, p. 3, n. 1; LEAL, 1960, p. 196, RUSSOMANO, CABANELLAS, 1979, p.120-55. Sobre o que ele chama de *esmorecimento* do poder normativo, consignado na EC 45/04, cf., ainda na primeira hora, FAVA, Marcos Neves. O esmorecimento do Poder Normativo — Análise de um aspecto restritivo na ampliação da competência da Justiça do Trabalho. *In:* COUTINHO, FAVA, 2005, p. 277-91. Numa crítica genérica à intervenção judicial na solução do coflito coletivo de trabalho, cf. RUPRECHT, 1995, p. 963-81 e CABANELLAS, 1966, p.540 *et seq*., com crítica a p. 545-9 e FERNANDES, 1980, p. 173-99, sobre as formas de solução adotadas no direito português. Sobre os processos na Espanha de solução de conflitos coletivos, mas não de criação normativa, cf. ALFONSO MELLADO, 1993, p. 207 *et seq*. e RODRÍGUEZ-PIÑERO, VALDEZ DA-RE, CASAS BAAMONDE, 1998.

Se inadvertida a menção expressa no art. 8º da CLT, que, de "disposições legais", salta para "jurisprudência", "analogia", já o art. 444 deixa campo aberto a ver-se nele, como fonte de direito em seu sentido específico e equiparada aos "contratos coletivos", a sentença normativa, que pode subentender-se no genérico "decisões das autoridades competentes".

A fonte jurisprudencial, a que alude o art. 8º da CLT, conserva a força e os limites de seu conceito tradicional, como emanação da atividade jurisdicional típica do Poder Judiciário e não atividade formal e prioritariamente normativa.

Parece que o fato de seguir sua construção doutrinária em atenção ao contexto do art. 8º e ao sistema da lei comentada levou o ilustre exegeta *Russomano* a não mencionar a sentença normativa como fonte de direito[2].

Na realidade, fala esse mesmo dispositivo em "outros princípios e normas de direito". O legislador, aí, atirou com carga de chumbo, para apanhar o que viu e o que não viu. Dada, porém, a relevância da sentença normativa, como atualidade e indiscutível meio de que reiteradamente se valerem os grupos econômicos e profissionais para equacionar situações conflituosas constantes, o não lhe fazer menção expressa o art. 8º da CLT torna-se imperdoável.

Todavia, para a indiscutível conceituação da sentença normativa como fonte formal de direito, dava o art. 896/CLT rico manancial, quando a equiparara, como tal e para fins de cabimento do recurso de revista, à própria lei. Se tal suporte de equiparação formal direta foi revogado, imprimiu-lhe a lei atual (art. 896, letra *b* e com remissão à letra *a*) protótipo de fonte exegética de norma coletiva concertada ou editada com eficácia em área que exceda a "jurisdição do Tribunal Regional".

A equiparação de seu conteúdo normativo à lei, que se igualavam no plano formal, como se extraía da letra *b* do art. 896 da CLT, ficou frontalmente extinta com a nova redação desse inciso, dada pela Lei n. 7.701, de 21.12.1988, no seguinte teor: "proferidas com violação de literal dispositivo de lei federal, ou da Constituição da República". Suprimiu-se a sentença normativa dessa *norma-condição*, o que ia até à vigente e enfática formulação da letra *a* do art. 896 da CLT. A violação à lei, como pressuposto do cabimento estrito do recurso de revista[3], deixou de

---

(2) Cf. RUSSOMANO, 1957, v. 1, p. 85 *et seq.*
(3) Hoje, pela redação dada pela Lei 9.756, de 17.12.98, as hipóteses relativas a violação da lei estão na letra *c* do art. 896 da CLT.

encontrar ressonância na análise do conteúdo da sentença normativa aplicado às situações de fato.

A *Mendonça Lima*, em comentário ao referido preceito, não escapou que o recurso, na hipótese, se autoriza desde que a violação, de que tratava o permissivo, tivesse atingido a sentença normativa "como norma geral", isto é, nos dissídios individuais, em que se litiguem direitos criados ou outorgados por aquela[4]. Observa-se a distinção: da sentença dos Tribunais Regionais, que originariamente julgam processos de dissídios coletivos, cabe o recurso ordinário, para o TST (CLT, art. 895, alínea *a*). Aqui, porém, impugna-se a sentença normativa em seu processo formal ou material de constituição do direito e não o direito já constituído como norma abstrata, que, na hipótese anterior, se está aplicando a um caso concreto[5]. O ponto, portanto, é que esta assimilação da sentença normativa à lei foi excluída da ordem sistemática que passou a tomar o parâmetro legal em sua literalidade de origem formal, ou seja, aquele que vem do órgão indicado como legislador, onde se situariam a lei e a Constituição precipuamente. Veja-se, neste sentido, a interpretação consolidada na súmula 221 do TST[6] que robustece expressamente esta idéia.

Se fonte de direito, a sentença normativa afirma-se como um processo de revelação de jurisprudência de fatos sociais. A natureza, a peculiaridade, a intensidade e a dinâmica desses fatos é que vão compor o juízo histórico e explicativo das sentenças normativas como pólos abstratos de irradiação de eficácia jurídica sobre determinadas relações humanas de trabalho. De extraordinária atualidade e adequação é a passagem abaixo de *Carl Schmitt* que vale ser transcrita em sua penetrante completude, em que se redescobre a mais autêntica concepção e finalidade da sentença normativa:

O que nos é agora necessário é um pensamento da ordem concreta e da organização concreta, a única que seja na medida de atender

---

(4) Cf. LIMA, 1956, t. 2, p. 325-6.
(5) Cf. LIMA, 1956, t. 2, p. 253-4.
(6) "[...] I - A admissibilidade do recurso de revista e de embargos por violação tem como pressuposto a indicação expressa do dispositivo de lei ou da Constituição tido como violado. (ex-OJ n. 94 - Inserida em 30.05.1997) II - Interpretação razoável de preceito de lei, ainda que não seja a melhor, não dá ensejo à admissibilidade ou ao conhecimento de recurso de revista ou de embargos com base, respectivamente, na alínea "c" do art. 896 e na alínea "b" do art. 894 da CLT. A violação há de estar ligada à literalidade do preceito".

(*d'accomplir*) as numerosas tarefas exigidas pela situação estatal (*völkisch*) econômica, tecnológica e ideológica (*Weltanschaulichen*), assim como para as novas formas de comunidade. É a razão pela qual este avanço do novo modo de pensamento jurídico não seja um simples corretivo dos métodos positivistas, tais quais têm existido até o presente, mas representa a *transição para um novo tipo* de pensamento jurídico susceptível de ter em conta as comunidades e as organizações com o advento de um novo século[7].

Para ser compreendida como uma realidade jurídica autônoma, de onde se expandam efeitos que irão necessariamente influir nos contratos individuais de trabalho, devemos penetrar-lhe, antes, a realidade subjacente e específica do interesse a que visa equacionar e sobre que faz incidir sua carga de normatividade. Esse é o seu círculo de atuação e de eficácia.

Formal e horizontalmente, a sentença normativa, via de regra, se limita por um princípio de regionalização, que se depreende, no direito positivo brasileiro, da territorialidade competencial dos Tribunais do Trabalho — que a editam, como regra de direito — e pelo âmbito de representação categorial das entidades sindicais, que são as pessoas capazes de suscitar dissídios coletivos. Excepcionalizam-se, antiteticamente, empresas de âmbito nacional, que tenham, em princípio, quadro unitário e uniformemente distribuído, quando a competência é a direta e primária do TST. O princípio de concretude evidencia-se nos arts. 516, 517 da CLT e no art. 8º, inciso II da CR/88[8].

Em caso de excesso de jurisdição, isto é, quando o âmbito da representação da entidade sindical ultrapasse aquele da competência territorial dos Tribunais Regionais (nas hipóteses dos arts. 517, 535, 857 e seu parágrafo único ou, mais especificamente, dissídios que envolvam representação sindical nacional ou empresas que possuam quadro organizado de carreira em todo o território nacional), a sentença será proferida para todo o território nacional, alcançando determinada categoria, pelo TST, art. 702, letra *b*[9]. Na formulação da Resolução n. 40-A, de 1º.10.1993, que aprova o Regimento Interno do Tribunal Superior do Tra-

---

(7) SCHMITT, 1995, p. 115.
(8) Para a competência dos Tribunais Regionais, cf. CLT, arts. 674, 678 e 869.
(9) Como regra geral à representação das entidades sindicais, cf. CLT, arts. 513, alíneas *a*, *c*, *d*, *e*; 517; 534; § 2º; 535, 564, 857 e seu parágrafo único. O art. 516 delimita, expressamente: "em uma data-base territorial".

balho, o art. 28 dispõe, como competência originária, julgar "os dissídios coletivos entre trabalhadores e empregadores, que excedam a jurisdição dos Tribunais Regionais".

O TST processou e julgou dissídio coletivo em que era suscitada a Casa da Moeda do Brasil (CMB), que, sendo empresa pública, de âmbito nacional, não se enquadra na exclusão fixada na OJ 05 da SDC[10], segundo a qual é juridicamente impossível o dissídio coletivo contra ente de direito público *strictu sensu*. Na mesma linha, o acórdão seguinte:

RECURSO ORDINÁRIO. REPOSIÇÃO SALARIAL. I — É certo que se encontra consolidado por meio da Orientação Jurisprudencial n. 5 da SDC posição desta Corte de não ter sido garantido aos servidores públicos da Administração Direta, Autárquica e Fundacional o direito ao reconhecimento de acordos e convenções coletivas, em razão da qual não lhes é facultada a via do dissídio coletivo. II — Ocorre que a suscitada se qualifica como sociedade de economia mista, submetida ao regime jurídico próprio das empresas privadas, inclusive quanto às obrigações trabalhistas, a teor do art. 173, § 1º, inciso II da Constituição, estando assim sujeita a jurisdição trabalhista quer em relação aos dissídios individuais, quer em relação aos dissídios coletivos. [...] PROC. N. TST-RODC-254/2004-000-20-00.0 (SDC) Rel. Min. *Barros Levenhagen*[11].

O entendimento prefigurado na OJ 05 da SDC legitimou o Tribunal para veicular e julgar o dissídio coletivo abrindo clara distinção entre a Administração Direta, Autárquica e Fundacional excluídas, para admitir dissídios coletivos em que sejam parte as sociedades de economia mista e as empresas públicas, com direta atração do art. 173, inciso I da CR/88, que impossibilita a distinção ou a proteção no âmbito do mercado.

Há projeção de similaridade material e linha de conformação legitimadora, como se verifica, exemplificativamente, na OJ 38 da SDI-1[12], como se o trabalhador ali qualificado estivesse compreendido entre os rurículas, ainda que a finalidade da última empresa não coincidisse con-

---

(10) Cf., a título de exemplo, o processo DC 150087/2005-000-00-00, DJ 27.06.05, o primeiro apreciado pelo C. TST posteriormente à EC 45/04, em que é suscitada a Casa da Moeda do Brasil e que mais adiante será novamente mencionado.
(11) www.tst.gov.br, acesso em 30.01.06.
(12) "EMPREGADO QUE EXERCE ATIVIDADE RURAL. EMPRESA DE REFLORESTAMENTO. PRESCRIÇÃO PRÓPRIA DO RURÍCOLA. (LEI N. 5.889/73, ART. 10 E DECRETO N. 73.626/74, ART. 2º, § 4º)."

ceitualmente com as funções ou atribuições de cada trabalhador (CLT, art. 7º, letra b).

Já horizontal e subjetivamente as raias da sentença normativa ou se atêm aos limites formais da regionalidade, seja distrital, municipal, intermunicipal, seja estadual ou interestadual, ou, vencida aquela, como no caso de dissídios instaurados por sindicatos nacionais, estende-se ela a todo o país, com incidência linearmente restrita às categorias econômicas e profissionais tuteladas na ação coletiva e simetricamente contrapostas como deflui da OJ 22 da SDC do TST. Só se admite a representação em sua expressão global, pois a categoria não se fraciona nem se cinde em razão de sua maior ou menor dimensão fisionomizada em "cada ramo ou empresa" (OJ 23 da SDC do TST), entendendo-se por "ramo" um dado setor da atividade. Contém força assimilativa o disposto no art. 10 da Lei n. 4.725/65, com exegese firmada na OJ 37[13] da SDC do TST, e índole excepcionadora, para os casos ali previstos, a teor da OJ 315 da SDI-1 do TST[14].

De uma forma ou de outra, na estrutura jurídica da sentença normativa, como lhe explicando a vida e lhe compondo os limites de incidência, impõe-se se precise, como fator básico, de natureza sociológica, a categoria profissional ou econômica.

O agrupamento social, entretido por laços de identidade, similaridade ou conexidade de condições de vida em razão do trabalho ou atividade, firmou-se como o centro do interesse sobre o qual o ordenamento jurídico assentou toda a técnica instrumental que vai finalizar na sentença normativa. Daí encontrar-se esta direta e irremissivelmente ligada à idéia de categoria econômico-profissional, suposto e e pólo de atração que leva uma à outra.

---

(13) "Empregados de entidades sindicais. Estabelecimento de condições coletivas de trabalho distintas daquelas às quais sujeitas as categorias representadas pelos empregadores. Impossibilidade jurídica. Art. 10 da Lei n. 4.725/65. O art. 10 da Lei n. 4.725/65 assegura, para os empregados de entidades sindicais, as mesmas condições coletivas de trabalho fixadas para os integrantes das categorias que seus empregadores representam. Assim, a previsão legal expressa constitui óbice ao ajuizamento de dissídio coletivo com vistas a estabelecer para aqueles profissionais regramento próprio."
(14) "MOTORISTA. EMPRESA. ATIVIDADE PREDOMINANTEMENTE RURAL. ENQUADRAMENTO COMO TRABALHADOR RURAL. É considerado trabalhador rural o motorista que trabalha no âmbito de empresa cuja atividade é preponderantemente rural, considerando que, de modo geral, não enfrenta o trânsito das estradas e cidades."

Em seu conteúdo formal, a sentença normativa implica, como antecedente imediato, a idéia de dissídio (sem desmerecer o paradoxo contido no *jus postulandi* do § 2º do art. 114 da CR/88, ora em vigor). A sua existência se elabora através de situações conflituais, a que visa equacionar, ou seja, situações definidas como conflitos coletivos do trabalho. E quando se pressupõe, na raiz desses conflitos, a reunião de interesses individuais subjetivamente impessoalizados em interesses contrastantes entre categorias profissionais e econômicas, depreende-se, de logo, que a categoria ou grupo configura, realmente, o dado sociológico e fundamental, que vai avivar o lineamento jurídico da sentença normativa[15].

Explica-se como o pólo extremo de uma linha, em cujo extremo oposto se situam interesses econômicos e profissionais de categorias conflitantes.

Não se terá jamais precisada a exata posição da sentença normativa em nosso ordenamento jurídico, tampouco os limites materiais de sua edição pelos Tribunais do Trabalho se, antes, não se exaurir, nos círculos sociológicos da categoria econômica e profissional e dos respectivos conflitos, todo o entendimento dessa singularidade jurídica que é lei e sentença não o é ao mesmo tempo.

Todo o processo de juridicização de fatos, no plano da técnica jurídica, envolve uma curva de adaptação do instituto da sentença normativa ao sistema geral do ordenamento, preservando-se, entretanto, a vivacidade, a peculiaridade das relações objeto da norma, a fim de que não se desfigure, na órbita do direito, a dinâmica social nem se destruam as fontes naturais do tráfego humano[16].

Está na atribuição prospectiva da política jurídica ajustar à técnica geral do ordenamento aquele novo e característico conteúdo de matéria socioeconômica, que nele deverá se incrustar.

Por outro lado, a necessidade de integração *latu sensu* do Direito cria um imperativo à ordem jurídica, que deverá atender, com os meios técnicos disponíveis, aos reclamos daquela nova área social, como que virgem da juridicidade, cujos fatos, todavia, demandam ordem, segurança e justiça e concreção normativa nos efeitos. Com isso, satisfazem-se interesses e restabelece-se a dinâmica da paz na comunidade.

---

(15) CHAVES, 1956, p. 341.
(16) Cf. MAXIMILIANO, 1955, p. 19, n. 7.

CATEGORIAS PROFISSIONAIS E ECONÔMICAS E INTERESSE COLETIVO

A categoria profissional e econômica formou-se como sistema de aglutinação de interesses individuais, que, pela identidade de condições de trabalho e de vida, dos empregados, ou de métodos e problemas de produção econômica dos empregadores, se estratificaram em fortes laços de solidariedade, passando, daí, a servir de projeção e de fundamento à solução dos problemas coletivos de cada grupo. A sociologia define-a como resultante de uma *solidariedade por similitude,* que "se vai particularizando para se aplicar especialmente às relações entre pessoas ligadas entre si por um certo laço de identidade de interesses e aspirações"[1].

O conceito de categoria depurou-se extraordinariamente na doutrina alienígena. *Di Marcantonio* pontua:

> A observação da realidade social aqui indica que existem vínculos professionais suficientemente determinantes que se a que se refere em comum, e subsistem pelo fato de que vários indivíduos desenvolvem uma mesma ou similar atividade profissional com finalidades econômicas e em um determinado circuito ou processo produtivo. Querendo ou não, estes sujeitos têm, ligado a eles, um interesse comum, atinente à sua profissão, os quais, junto com a típica atividade desenvolvida de modo relativamente estável e continuado, configura o seu agrupamento ou, como comumente se diz, a sua categoria professional[2].

---

(1) LIMA, 1958, p. 157. Para o histórico da juridicização de relações grupais, como da noção de categorias pré-jurídicas, cf. HAESAERT, 1948, p. 384 *et seq.*, TANNENBAUM, [19—], p. 55 *et seq.*; LESSA, 1916, p. 85; LAPIERRE, 1959, p. 3-5.

(2) "L' osservazione della realtá sociale ci indica che esistono aggregati professionali sufficientemente determinanti cui si referisce comune, ed esetono per il fatto che piu individui svolgono una stessa o similare attivitá professionale per fini economici in un determinato ciclo o processo produtivo. Volenti o nolenti, questi soggeti hanno, presi insieme, un interesse comune, attinente alla loro professione, il quali, insieme alla tipica attivitá svolta in modo relativamente stabile e continuatio, individua il loro raggrupameno o, come comunemente si dice, la loro categoria professionale" — DI MARCANTONIO, 1958, p. 204.

Já *Balzarini* afirma:

Por categoria se entende, na teoria em exame, uma entidade que se constitui dos atuais membros e da série daqueles que se sucedem nela no tempo, a que corresponde um interesse coletivo que não coincide com os interesses individuais com os quais, se afirma, pode contratar e sobre os quais prevalece[3], para, logo abaixo distinguir:

o ordenamento jurídico atribui relevância à categoria sem que ela tenha personalidade jurídica utilizando o sindicato como instrumento necessário e suficiente para tutelar o interesse da categoria propriamente[4].

É oportuno aferir ainda a posição de *Jaeger*:

O complexo dos trabalhadores, e respectivamente dos empreendedores, participantes do mesmo ramo de produção se chama *categoria*[5].

Krotoschin extrai-lhe o conceito pelas relações de trabalho consideradas "não mais individualmente, mas em relação a toda uma determinada profissão ou indústria ou ramo de atividade ou determinada empresa"[6].

E *Carnelutti* assegura que:

"O grupo profissional é portanto uma associação permanente dos trabalhadores ou empresas constituído principalmente pelo debate coletivo das condições de trabalho"[7].

---

(3) "Per categoria s'intende, dalla teoria in esame, una entità a se constituita dagli attuali appartenenti e dalla serie de coloro che si succedono in essa nel tempo, alla quale corrisponde un interesse collettivo que non coincide com gli interesse induvduali com i quali, se afferma, può contrate e sui quali prevale" — BALZARINI, 1949, p. 27.
(4) "l'ordinamento giuridico atribuisce relevanza alla categoria senza che questa abbia personalita giuridica utilizzando il sindicato quale strumento necessario e sufficiente a tutelare l'interesse della categoria stessa" — BALZARINI, 1949, p. 27.
(5) "Il complesso dei lavoratori, e respettivamente degli imprenditori, partecipanti allo stesso ramo di produzione si chiama *categoria*" — JAEGER, 1936, p. 12. Cf. sobre a evolução do sindicalismo no Brasil e os desdobramentos de sua atuação, CATHARINO, 1982, e na Itália, GALANTINO, 1996.
(6) "no ya individualmente, sino en relación a toda una determinada profesión o industria o rama de actividad o determinada empresa" — KROTOSCHIN, 1957, p. 12-14.
(7) "Il gruppo professionale è pertanto una associazone permanente di lavaratori o imprenditori constituita principalmente per il dibattito collettivo delle condizioni del lavoro" — CARNELUTTI, 1936, p.1946. Cf. também PEREZ PATON, 1954, p. 576 *et seq.* e GURVITCH, 1948, p. 195 *et seq.*

Entre nós, *Orlando Gomes* toma a causa do fenômeno associativo na "identidade ou similitude de interesses e aspirações, que decorre do exercício da mesma função social, aproxima indivíduos e inspira associações"[8].

Nas categorias profissionais e econômicas[9], os interesses individuais se intercomunicam e se estruturam impulsionados pela identidade imediata de fatores de interação tendo por base as relações de trabalho. Decorre, daí, um círculo permanente de solidariedade, que a lei primou em chamar *interesse de classe*[10].

A procura da satisfação de necessidades e de interesses comuns, gerados por centros grupais de vida comum, estabelece, para a consecução de bens da vida, uma identidade de motivações ideológicas e superestruturais, que vão confinar na identidade interior de processos de afirmação, que aqui se circunscrevem nos limites sociais das categorias profissionais ou econômicas.

Os membros do grupo ou da categoria, vivendo situações reais de interesses — a que *Prosperetti* dá sentido de *necessidade, motivo e fim* —, passam a dinamizar qualquer perspectiva de ação no exclusivo sentido de atender satisfatoriamente aqueles interesses. O mais leve toque à lei, que é preceito normativo dando forma jurídica à organização das categorias profissionais e econômicas, por meio dos sindicatos, que as representam, não conduz a outra ilação.

Além de estatuir a lei sindical (CLT, art. 513, *a*) que o sindicato representa "os interesses gerais da respectiva categoria ou profissão liberal" e ainda que colaborando com o Estado o faz em vista "da solução dos problemas que se relacionam com a respectiva categoria ou profissão liberal" (letra *d*), veda o exercício de outra atividade qualquer que não

---

(8) GOMES, 1954, p. 225. Cf., também, MORAES FILHO, 1952, p. 113 *et seq.*
(9) Cf. as instigantes discussões travadas, sobre vários temas ligados à categoria e seu papel no direito coletivo do trabalho, em seminário de preparação de dirigentes sindicais realizado na *Università di Firenzi* e condensados em MAZZONI, 1964.
(10) CLT, art. 8º. Cf. MILANI, 1940, p. 23 *et seq*, especialmente a p.28, onde ele fala em *interesse de classe*, mais o de *ramo de produção*. *Galart y Folch* explica-o: "A analogia de situação de todos os trabalhadores havia de criar o espírito de classe, e ele havia de fazer nascer as organizações sindicais de auto-defesa — La analogía de situación de todos los obreros había de crear el espíritu de clase, y éste había de hacer nacer las organizaciones sindicales de auto-defensa" (GALLART Y FOLCH, 1932, p. 13). Cf. PROSPERETTI, 1942, p. 57 *et seq.* Para a evolução e história dos agrupamentos, em razão do trabalho, cf. JACCARD, 1960, p. 288.

esteja compreendida dentro daquela finalidade. Assim, o art. 521 proíbe "quaisquer atividades" estranhas às de "associação para fins de estudo, defesa e coordenação" dos interesses da categoria (art. 511, e), até mesmo, como se sustenta em autorizada doutrina, "as de caráter político-partidárias"[11].

O intuito da lei, aí, é mais o de preservar a pureza das finalidades específicas, para que se constituem as associações profissionais — isto é, o interesse *da categoria* —, do que especificamente a vedação à atividade político-partidária[12]. O fim imediato da lei é a maiores perquirições: as atividades político-partidárias, por exemplo, dizem respeito ao interesse público geral, na composição política dos corpos constitutivos e governativos dos órgãos do Poder Estatal. Não se confundem, em absoluto, com os fins precípuos responsáveis pelas organizações grupais intraestatais de caráter socioeconômico e profissional.

A criação destas e a sua juridicização vinculam-se imediatamente aos interesses parciais do grupo, caracterizando-se como coletivos e ligados a determinada categoria, nas formas comunitárias e personalizadas dos sindicatos. Não se trata, por outro lado, quando formado e composto o grupo, de interesse imediato, direto de cada membro ou componente. Desde que a categoria tomou feição social ou jurídica, é porque passou a exprimir, em termos gerais, abstratos e permanentes, um interesse próprio, específico, a serviço dos interesses individuais, porém indeterminados, de seus componentes. Há como que o enfeixamento, num interesse geral diverso dos interesses individuais representados, hoje reformulados, por um processo de aglutinação, em *interesses individuais homogêneos*, atraídos para um especial campo de concreção, assimilados à imagem constitucional dos interesses *difusos*, projetados no art. 129, inciso III, *in fine*, da CR/88. Para fins de tutela, sob previsão direta do art. 83, inciso III, a Lei Complementar n. 75, de 20.01.1993, por meio de ações de índole coletiva, tais interesses compõem grupos de pretensões marcadas de tal e sucessiva homogeneidade que desenham a *engrenagem* procedimental de leis que se sucedem e se repetem como que regidas pelo princípio encadeado da concreção e captados por situações fáticas idênticas, conduzidas à criação de nor-

---

(11) Cf. BRETHE DE LA GRESSAYE, 1931, p. 26; SPYROPOULOS, 1956, p. 82 *et seq.*
(12) Cf. sobre a figura do abuso no exercício da atividade sindical, inclusive no que concerne à definição dos interesses da categoria, BATHMANABANE, 1993, especialmente, p. 205 *et seq.*, assim como a questão ligada à condução da greve, p. 213 *et seq.*

mas rentes com a dinâmica desprendida de cada situação prática[13]. É o mesmo fenômeno fático-jurídico, em sua sucessão, que dá origem às súmulas, aos enunciados e, agora, mais topicamente, às ditas OJ's e aos precedentes normativos, como normas emanadas do TST e que canalizam e escoam os procedimentos e a substância dos julgamentos, em seu segmento específico, na sentença normativa relativamente aos tópicos cujo entendimento se encontra neles consolidados.

Em seu centro e fundamento, presidindo à formação das associações, dos sindicatos, das entidades de classe, preexiste o interesse da comunidade como tal, em que se resguardam os elementos externos integrativos do grupo, como conceito de unidade.

Daí ser visceralmente contrária à idéia de categoria qualquer afirmação unilateral ou parcial de seus membros, o que significaria a quebra do espírito de unidade, o fracionamento e, pois, a extinção do corpo institucionalizado como um todo.

A essencialidade da participação, no sentido que se lastreia nas idéias-matrizes da dialética do contraditório, torna-se bem clara quando se cuida das chamadas categorias diferenciadas, como retrata o acórdão abaixo:

DISSÍDIO COLETIVO DE NATUREZA ECONÔMICA E ORIGINÁRIA. CATEGORIA DIFERENCIADA. LEGITIMIDADE ATIVA. 1. O sindicato de categoria profissional diferenciada ostenta legitimidade ativa para instaurar dissídio coletivo de natureza econômica em face de entidades patronais de qualquer segmento econômico em que seja viável o labor de membro dessa categoria profissional. É a conclusão que se impõe uma vez malograda a negociação coletiva e levando-se em conta também que sem a representação em Juízo de tais entidades não é eficaz a instituição de cláusulas que obriguem as empresas por elas representadas (Súmula n. 374 do TST). 2. O elevado número de entidades suscitadas, no caso, conquanto dificulte o desenvolvimento de negociação coletiva, não a inibe totalmente. Ademais, se constatado que as entidades patronais, devidamente intimadas, não mandaram interlocutores para nenhuma das reuniões agendadas, o acolhimento da preliminar importaria, em última análise, premiar-se quem deliberadamente omitiu-se e, assim, frustrou a negociação coletiva. 3. Recursos ordinários

---

(13) Cf. SCHMITT, 1995, p.47-9.

aos quais se nega provimento. RODC — 780/2003-000-15-00. SDC Rel. Min. *João Oreste Dalazen*[14].

Na realidade brasileira, em que a especialização das categorias e sua distribuição paralela em múltiplas e específicas subcategorias torna a figura da unicidade sindical uma figura mítica, é preciso muita atenção para a assimilação do sentido exato que possa ter a idéia de participação.

É a *atomização* da unicidade a que se refere Antônio Álvares da Silva:

Este falso crescimento aconteceu pela dispersão, justamente num país que adota a unicidade sindical. As grandes categorias foram se dividindo em setores. Cada sub-ramo constituiu um sindicato enfraquecendo a categoria-base e fragilizando o mecanismo de pressão dos grandes sindicatos[15].

Neste campo de especificidades e de dilaceração concreta, entre o interesse público, geral, de determinada sociedade politicamente organizada, que se representa no Estado, e o do indivíduo, há a considerar o da *categoria,* ou do *grupo,* a que o ordenamento assegura vida e expressão jurídicas, para que realize fins específicos.

Ora, se a sentença normativa se afirma, no ordenamento, como meio de equacionamento de interesses grupais, conflitantes, como se deduziu, pergunta-se: olhados tais interesses do ângulo subjetivo, de que espécie são? Individuais? Públicos? Que limites, que características ou que diversificação apresentam eles na técnica social-jurídica de realizarem fins humanos e sociais?

Interesse é dado extrajurídico[16]. Aliás, *Kelsen* já havia adiantado, em obra clássica — *Hauptprobleme der Staatsrechtslehre* — em sua concepção geral, que a norma não era um fim em si, mas ela era um meio para um fim[17], ou, mais precisamente, aquela conduta que ela

---

(14) www.tst.gov.br, acesso em 30.01.06.
(15) SILVA, Antônio Álvares da. Dissídio coletivo e emenda constitucional n. 45/04: aspectos procedimentais. *Revista da Academia Nacional de Direito do Trabalho.* a. 13, n. 13, fev./2006, p. 33. O autor desenvolve o tema a propósito da defesa do sistema da pluralidade sindical como solução para o problema da falta de representatividade, direção para a qual se volta uma grande parte da doutrina, mas que, consideradas sempre as peculiaridades concretas, não se sabe até que ponto será apenas um grito de otimismo exacerbado.
(16) Cf. VILHENA, 2000.
(17) "Sie ist das Mittel zu einem Zwecke" — KELSEN, 1923, p. 68-9.

contém como devida, para conduzir-se faticametne, para realizar-se no mundo do ser[18].

Anda na raiz do direito, mas fora dele há o mundo dos interesses e o mundo do direito. Interesses há que se juridicizam — são interesses jurídicos — e os há que não se juridicizam[19].

Entre ambos, porém, há interesses cujos elementos integradores, ainda que indiretamente repercutindo na vida organizativa geral da sociedade, se buscam em círculos sociais menores, em ordens parciais de vida comunitária, e que são peculiares a classes, a grupos determinados. A dinâmica de tais interesses evoluciona dentro de um âmbito específico de fatores sociológicos responsáveis pela integração e pela afirmação do grupo.

Daí o não se confundirem eles, pela sua natureza ou afirmação, ou pela repercussão no plano inteiro da sociedade, com o interesse geral, o público, nem com o interesse individual.

Para a distinção de interesses, *Russomano* alude ao fato de a lei (CLT, art. 8º) colocar o interesse da "coletividade acima do interesse de qualquer indivíduo ou de *qualquer classe*"[20], enquanto *De Litala* afirma que o interesse de categoria "é um interesse geral ou do Estado; o mesmo está constituído de muitos interesses individuais e, por conseguinte, é também interesse público"[21]. *Jean Dabin* acentua textualmente que:

> Pode-se constatar que as diferenças específicas entre o direito *subjetivo puramente* individual e o direito subjetivo procedente da

---

(18) "in der Seinwelt zu realisieren" — KELSEN, 1923, p. 68-9, com expressa remissão a *Jhering* (p. 383 *et seq.*).
(19) Cf. KELSEN, 1946, p. 243; POUND, 1959, p. 20 *et seq* e, na mesma obra, p. 12 *et seq.*, a Introdução, de *Gioja*. A principialidade do conceito como dado gerador de direito deve-se a *Rudolf von Jhering* e a suas alavancas que se contrapõem à *vontade* da conceitualística de *Windscheid* — Cf., especialmente, JHERING, 1978, e WINDSCHEID, 1930, p.107-111.
(20) RUSSOMANO, 1957, v. 3, p. 873 e v. 1, p. 84. Cf. ainda PROSPERETTI, 1942, p.65; GOTTSCHALK, 1944, p.431, em que ainda, cita *Venditti*, quanto a interesses profissionais e de categoría; MILANI, 1940, p. 33 *et seq.*; MAZZONI, GRECHI, 1949, p.101 *et seq.*
(21) "El interés de categoría es un interés general o del Estado; el mismo está constituído de muchos intereses individuales, y, por consiguiente, es también interés público" — DE LITALA, 1949, p.133-4. Cf. BARASSI, 1949, v.I, p.32 *et seq.*

vida corportiva entre o direito subjetivo do *direito privado* e o direito subjetivo do *direito público*, interno ou internacional[22].

A especificidade do interesse, que a ordem jurídica, pela sentença normativa, visa a tutelar, induzirá, fatalmente, à compreensão desta fonte criadora de situações jurídicas especiais e circunscritas a determinados limites objetivo-subjetivos, que não a conduzem à disciplinação seja de interesses gerais, da sociedade, de que se incumbe a lei, seja com a efetividade de interesses que clamem por prestação individualizada, cuja atribuição se defere à função jurisdicional propriamente dita[23].

Se a razão teleológica da sentença normativa se assenta justamente na tutela de interesses individuais vistos, porém, do ângulo da categoria, do grupo, ou de classe, em que aqueles como que se desprendem e se unificam ideativamente, é no elemento *categoria* que se irá encontrar o fato social básico identificador daquele interesse. Vale conferir a OJ 02 da SDC do C. TST com remição aos arts. 868 e seguintes da CLT, que firma o entendimento de que não se pode instaurar privilégio para a admissão de empregado sindicalizado por ofensa direta ao art. 8º, inciso V, da CR/88.

Por isso é que a categoria atua como o dado sociológico e subjetivo de captação da regra normativa, tendo, no direito positivo brasileiro, na pessoa do sindicato, o seu representante de feição e construção legal, como pessoa jurídica — pressupondo organização de determinada coletividade para a realização de determinados fins[24].

---

(22) "On peut constater des différences spécifiques entre le droit *subjéctif purement* individuel et le droit subjéctif procédant de la vie corporative, entre le droi subjéctif *du droit privé* et le droit subjéctif *du droit public*, interne ou international" — DABIN, 1952, p.167. O interesse coletivo, aqui, não se confunde com aquele de que trata *Alsina.* cf. ALSINA, 1956, p. 26, letra *b*, CATHARINO, 1951, p. 385, n. 250, em que antepõe o "interesse coletivo ao individual ou de classe".
(23) MENEZES, 1957, p.52; MAXIMILIANO, 1954, v. 2, p. 407-499.
(24) Cf. o excelente SANTORO-PASSARELLI, 1952, p. 36-38.

O CONFLITO COLETIVO DE INTERESSES E SUA DINÂMICA

Desde que a ordem jurídica, reconhecendo a natureza diversificada daqueles interesses de categorias econômicas e/ou profissionais, respeitou-lhes o conteúdo sociológico de afirmação e projeção no meio social, passou, conseqüentemente, a conceder-lhes os meios necessários à realização de seus fins na órbita do direito.

Primeiro, municia-os, pelos sindicatos ou pelas associações profissionais, com um meio idôneo de unificadamente se manifestarem. Por via de conseqüência, constituíram-se os respectivos direitos subjetivos, na pessoa das entidades representativas daqueles interesses, a que se seguiram pretensões e ações.

Como não se entende a idéia de inércia com a de pessoa de direito, seja física, seja jurídica, assegurou-se aos órgãos sindicais ou associacionais a respectiva dinâmica. Deu-lhes atuação a lei, garantindo-lhes a eficácia em todos os atos condizentes com os fins para que foram criadas[1]. Mas assim procedeu o Estado tendo em vista um princípio, de natureza geral, que visa a conceder aos indivíduos ou aos grupos, nas relações de troca[2], um mínimo de igualização indispensável ao equilíbrio das forças sociais em permanente contraposição de interesses.

Se alguma relação social se marca por essa contraposição de interesse, é a relação de trabalho subordinado, entre empregado e empregador[3]. E se o direito do trabalho se construiu, na feliz expressão de *Gallart y Folch*, para compensar com uma superioridade jurídica a inferioridade econômica do trabalhador, é no fluxo dessa compensação que se adensa permanente atmosfera de insatisfações e reivindicações cole-

---

(1) MILANI, 1940, p. 28.
(2) NARDI-GRECO, 1949, p. 233.
(3) "O direito do trabalho parte mesmo de um *contraste* e o recordou na sua relação e nas suas intervenções Kahn Freund como um necessário contraste social — Il diritto del lavoro parte proprio da un *contrasto* e lo ha ricordato nella sua relazione e nei suoi interventi Kahn Freund dal necessario contrasto sociale [...]" ASCARELLI, 1958, p. 284, n 4.

tivas, que irrompem a todo instante em situações conflituais da mais variada espécie. No jogo das forças em luta, o Estado intervém ora diretamente ora indiretamente, concedendo às partes deblaterantes os meios adequados a uma pugna em paridade de condições procedimentais para um resultado justo. E o faz por preceitos imperativos, sob princípios objetivos e evolutivamente inovadores da *justiça distributiva*[4].

O fato de o direito do trabalho, por meio de postulados de ordem pública, haver interferido nas relações de emprego, assegurando ao trabalhador um mínimo de garantias sociais, hoje levadas a programas institucionais em todas as Constituições[5], não assumiu proporções tão veementes no direito coletivo do trabalho, em que, criadas as entidades representativas das categorias de empregados ou de empregadores, deixou-lhes o ordenamento grande margem de autonomia na composição jurídica de seus interesses econômicos palmarmente contrapostos.

Desde que o Estado concentrou em entidades de classe representativas a defesa daqueles interesses grupais, o fez como postulado de equilíbrio na luta em que se confrontam. O princípio que rege o direito coletivo do trabalho é o princípio da autonomia, isto é, o regramento das relações coletivas levado a efeito pelas próprias categorias interessadas, através daquelas entidades representativas[6].

Na raiz das pretensões, a tutela estatal assegura às próprias partes interessadas constituírem situações jurídicas, com eficácia impessoal, abstrata, no círculo parcial do grupo legitimado circunscritamente. Neste sentido está a OJ 02 da SDC quando veda a extensão do acordo em dissídio coletivo a quem não o tenha subscrito[7]. Se, porventura, os indivíduos componentes da categoria não acatam o preceito ou a norma que incidiu, então o Estado presta-lhes, novamente, tutela atípica, pelos

---

(4) Cf. RADBRUCH, 1944, p. 166 *et seq.*, VILHENA, 1960, p. 56, 80 *et seq.*
(5) Cf. DESPONTIN, 1957, p. 237 *et seq.*; MENEZES, 1956, BARROS, 2006, p. 163 *et seq.*
(6) "O direito coletivo do trabalho opõe a idéia da autonomia, do autogoverno, à idéia da intervenção estatal — El derecho colectivo del trabajo opone la idea de la autonomía, de autogobierno, a la idea de la intervención estatal [...]" KROTOSCHIN, 1957, p.38. Em princípio, aceita-se o axioma do renomado autor: cf. HÜECK, NIPPERDEY, 1963, v. 1, p. 40-3. Cf. sobre o direito coletivo do trabalho brasileiro em especial, BARROS, 2006, p. 1167-80.
(7) "ACORDO HOMOLOGADO. EXTENSÃO A PARTES NÃO SUBSCREVENTES. INVIABILIDADE. É inviável aplicar condições constantes de acordo homologado nos autos de dissídio coletivo, extensivamente, às partes que não o subscreveram, exceto se observado o procedimento previsto no art. 868 e seguintes, da CLT."

órgãos jurisdicionais, que assegurarão a efetividade da pretensão resistida[8], sendo que o objeto desta é a modificação ou a manutenção ou a revalidação de condições de trabalho constantes de normas coletivas anteriores vencidas pela temporariedade de sua vigência.

O princípio hoje em vigor assegura a continuidade de normas anteriores como patamar sedimentado de conquistas profissionais na forma do §2º do art. 114 da CR/88.

SUPRESSÃO DO PARÁGRAFO 3º, ITEM "A", CLÁUSULA 5ª, DA CONVENÇÃO VIGENTE — A questão de ser possível em Sentença Normativa alterar o que tem sido negociado pelas partes está provocando grande debate, em face do novo texto do § 2º do art. 114 da Constituição Federal vigente, introduzido pela Emenda Constitucional n. 45, como se pode ler, vg., em artigo do Magistrado Gustavo Felipe Barbosa García (Ltr. 69-01/71). Aqui ainda não se adotou a posição radical que responde negativamente à questão colocada. Sempre tem ficado aberta a possibilidade de se aplicar a cláusula "rebus sic stantibus", quando ficar demonstrada a impossibilidade de se continuar cumprindo a cláusula antes negociada. TST-DC-145275/2004-000-00-00.3 — SDC — Rel. Min. *José Luciano de Castilho Pereira*[9].

RECURSO ORDINÁRIO. AÇÃO COLETIVA. CLÁUSULA: ADICIONAL DE INSALUBRIDADE. BASE DE CÁLCULO. Fixação do adicional de insalubridade com base no salário profissional. Cláusula preexistente. Não-comprovação da impossibilidade da manutenção da condição de trabalho. Recurso ordinário a que se nega provimento. TST-RODC-689/2003-000-08-00.0 — SDC — Rel. Min. *Gelson de Azevedo*[10].

---

(8) Cf. MIRANDA, 1958, t. 1, p. 8.
(9) www.tst.gov.br, acesso em 30.01.06. Cf. o trecho do voto vencido do Min. João Oreste Dalazen que reforça o caráter fático que se deve atribuir ao teor da tradição negociadora: "Convenci-me de que as próprias partes admitem que a cláusula não deve ser mantida sem concessões recíprocas. Essa circunstância, a meu juízo, denota a necessidade de alguma modificação no ponto de equilíbrio outrora encontrado. Para os empregados, a modificação da jornada advém primordialmente do combate a eventual segregação familiar por longos períodos. Por outro lado, para as empregadoras, a preocupação consiste na preservação da quantidade de mergulhadores e equipes de trabalho que seria, inevitavelmente, alterada com a diminuição da jornada. Portanto, manter a cláusula sem levar em consideração qualquer das ponderações explanadas em negociação, trazidas à nossa apreciação, implicaria também relegar totalmente ao oblívio o quanto disposto em lei cujo cumprimento os empregados agora exigem, com evidente repercussão negativa, quer do ponto de vista jurídico, quer do ponto de vista econômico-social, mormente em se considerando que o escopo do processo é a pacificação do conflito."
(10) www.tst.gov.br, acesso em 30.01.06.

A forma como os temas-interesses foram tradicionalmente negociados constitui um dado de fato a ser analisado para a definição precisa dos cânones de solução do conflito entre aquelas específicas categorias ou entre a categoria profissional e a empresa. Este é o sentido do princípio implantado na Constituição pela EC 45/04.

A formação das categorias de empregados e empregadores deve-se, originariamente, à contraposição dos respectivos interesses. A idéia institucionalizada conceitualmente unitária de empresa, como perfilhou autorizada corrente doutrinária[11], não logrou iludir a posição frontal em que se antepõem empregados e empregadores.

Da diversificação de tais interesses e da resistência de um grupo à submissão ou à concessão ao outro nascem os conflitos, que são conflitos de trabalho entre patrões e empregados, os quais, fundados na esfera do trabalho, exprimem uma diversidade de interesses e dizem respeito às condições de trabalho não de um ou outro membro, mas de todos os que, na categoria, se encontrem em situação idêntica ou similar. A identidade de situação leva o grupo a encarar o desfecho do conflito como envolvendo a todos[12]. Dá-se mais do que a idéia de *defesa dos interesses profissionais*, de que trata *Deveali*[13], a origem dos conflitos de trabalho, no que se não divorcia da emanação na posição antagônica das partes no contrato de trabalho, que no magistério de *Nawiasky* se qualifica de contrato intercambial, porque opostos são os interesses a que as partes visam em sua constituição, o que se dá em oposição aos contratos comunitários ou societários[14]. Nesse sentido, parece-nos haver *Cabanellas* identificado um fenômeno mais universal[15]. Di-los *Balzarini interesses contrastantes*[16].

Subjetivamente, o conflito coletivo tem o indivíduo como fim mediato do resultado a que visa a categoria. Sua conceituação principia a

---

(11) NIKISCH, 1961, v. 1, p. 153-4 e, especialmente, p. 174-7, até com invocação a *Hüeck.*
(12) DE LA CUEVA, 1954, p. 725 *et seq.*; GALLART Y FOLCH, 1929, p. 139 *et seq.*; ALSINA, 1956, p. 26. *Perez Botija*, o ilustre tratadista espanhol, conceitua os conflitos coletivos como "as fricções que podem produzir-se nas relações de trabalho — las fricciones que puedem producirse en las relaciones de trabajo" — PEREZ BOTIJA, 1955, p. 297 *et seq.* Cf. BRUN, GALLAND, 1958, p. 952; GOTTSCHALK, 1944, p. 433 *et seq.*
(13) DEVEALI, 1952, p. 177 *et seq.*
(14) NAWIASKY, 1962, p. 295.
(15) CABANELLAS, 1949, p. 548 *et seq.*, t. 3.
(16) *Apud* GOTTSCHALK, 1944, p. 374.

desvendar-se como o interesse direto, mediato, objeto da resistência[17], e diz respeito ao grupo, à categoria, ainda que os interesses individuais sejam vistos do ângulo da abstração coletiva[18].

Nos conflitos coletivos, encontramos o nuclear e terceiro elemento, de natureza sociológica, para fora do processo, que vai compor o suporte teleológico em que se assenta a sentença normativa.

Como bem acentua *Preis*, não há propriamente um conceito definido de *conflito coletivo do trabalho*, à falta de apreensão de seus contornos específicos e pela mutação em seus fins, ainda que na raiz de todas as manifestações possa se vislumbrar o caráter agonal que vincula e afasta capital e trabalho[19]. No mesmo sentido, *Schaub* afirma que a essência da convenção coletiva (*Tarifvetragswesen*) é a liberdade negocial, mas adverte que não há uma definição legal de conflito coletivo, embora ele pressuponha a confrontação das partes com vistas à manutenção ou à consecução de condições de trabalho[20].

Nas *categorias profissionais e econômicas* concentra-se o primeiro elemento, que é circunstancial, de incidência. No *interesse do grupo*, o segundo, como formação de instâncias subjetivas, que o Estado vai tutelar, através do julgado normativo. E, finalmente, como elemento de ruptura da divergência de interesses, detonador sociopsicológico, que atira as partes à nitidez dos campos opostos da luta, o *conflito coletivo*. Esse, o estalo, o propulsor, que, nas prerrogativas do ordenamento jurídico pátrio, legitima a pretensão das categorias econômicas ou profissionais, como tais, à tutela jurisdicional. É regra que se depreende do disposto no art. 3º, do CPC, que tem como pressuposto do ingresso em

---

(17) COUTURE, 1958, p. 43.
(18) Na escorreita acepção sentido, CARNELUTTI, 1936, p. 45: "conflito coletivo, entendido como aglomeração de uma série homogênea de conflitos individuais obtida a fim de tratar unitariamente a composição — conflito coletivo, inteso como aglomerazione di una serie omogenea di conflitti individuali ottenuta al fine di trattarne unitariamente la composizione". Cf. KROTOSCHIN, 1955, p. 791 *et seq.*, e, ainda, TRUEBA URBINA, 1943, v. 3, p. 116, DE LA CUEVA, 1954, p. 726-729. A controvérsia coletiva tem por finalidade a tutela de um interesse coletivo, do qual são titulares "os singulares enquanto organizados em um determinado grupo — i singoli in quanto organizzati in un determinato grupo" (SANSEVERINO, [19—], p. 305). Cf. STAFFORINI, 1955, p. 45 *et seq.* O autor, consentâneo com o espírito geral, que preside e dinamiza o Direito do Trabalho, coloca, na base dos conflitos coletivos, o escopo de melhoria de condições de trabalho para os empregados.
(19) PREIS, 2003, p. 268.
(20) Cf. SCHAUB, 1996, p. 1608-9, especialmente no n. 5.

juízo o conflito de interesses[21], que não encontra suporte na realidade no atual § 2º do art. 114 da CR/88.

É absolutamente estranha, senão paradoxal, a inovação da *litis collectiva* agora trazida no § 2º do art. 114 da Constituição de 1988, pelo qual é "facultado às partes *de comum acordo* ajuizar dissídio coletivo de natureza econômica, podendo a Justiça do Trabalho decidir o conflito"[22]. Sob a óptica correta, é inverossímil que um conflito (aqui dissídio) nasça de um acordo. Em termos processuais, a ação nasce de uma pretensão formalmente resistida e não acordada. Ora, o acordo está justamente no outro extremo do direito de ação em que ela se encerra[23].

O *nonsense* da Emenda 45/04 chega a ser gritante[24], o que leva a rememorar o antigo adágio do direito francês: *point d'interêt, point d'action*[25].

Acredita-se que o propósito do constituinte tenha sido o de, *in extremis*, conduzir as partes conflitantes a um acordo, à conciliação extrajudicial[26], que se revela nas cláusulas da convenção coletiva ou do acordo coletivo. Como se vem demonstrando, a invocação ou o socorro histórico à via judicial como que se incorporou na expectativa final dos contendores. Embora a intenção do constituinte tenha sido incentivar a solução consensual, o certo é que até ante os mecanismos previstos na própria Constituição não lograram êxito e parece pouco provável que a redação dada pela EC 45/04 venha a alcançá-lo, embora tenha reequacionado a questão em termos mais incisivos senão definitivos[27].

---

(21) Cf. ALVIM NETO, 1972, p. 10-4.
(22) Grifos nossos.
(23) Cf. arts. 764 e § 3º, 847, 850, 862 e 863 da CLT e art. 269, inciso III do CPC.
(24) Cf. os comentários pertinentes, porém condescendentes de DALAZEN, João Oreste. Reflexões sobre o poder normativo da Justiça do Trabalho e a Emenda Constitucional n. 45/2004. *In:* PAIXÃO, RODRIGUES, CALDAS, 2005, p. 452-66.
(25) Cf. MIRANDA, 1973, t. 1, p. xxxii-xxxiv e 160 *et seq.*
(26) Cf. a minuciosa descrição das justificativas que antecederam a edição da EC 45/04, em BARROS, 2006, p. 1228-1231.
(27) Cf., no tema, DALAZEN, João Oreste. Reflexões sobre o Poder Normativo da Justiça do Trabalho e a Emenda Constitucional n. 45/2004. *Revista da Academia Nacional de Direito do Trabalho.* a. 13, n. 13, fev./2006, p. 135 *et seq.*, PEDUZZI, Maria Cristina Irigoyen. Os reflexos da Emenda Constitucional n. 45/04 na Justiça do Trabalho e a posição do TST. *Revista da Academia Nacional de Direito do Trabalho.* a. 13, n. 13, fev./2006, p.147 *et seq.*, MANNRICH, Nelson. O ocaso do poder normativo. *Revista da Academia Nacional de Direito do Trabalho.* a. 13, n. 13, fev./2006, p.171 e FAVA, Marcos Neves. O esmorecimento do Poder Normativo — Análise de um aspecto restritivo na ampliação da competência da Justiça do Trabalho. *In:* COUTINHO, FAVA, 2005, p. 277-91.

Há, aliás, neste incentivo à solução negociada do conflito trabalhista, um paradoxo que se opera na base de interpretação do sistema e que pode ser claramente evidenciado pela análise da OJ 342 SDI-1[28]. A interpretação que se consolida neste precedente contraria a tradição negocial no que concerne ao regime de jornada[29] e especialmente de intervalo intrajornada partindo da ilação de que há prejuízo à saúde do empregado. Sob uma análise talvez simplista, não é possível compreender que benefícios pode haver para o trabalhador ter que permanecer mais trinta ou vinte minutos na empresa para completar, na jornada, o fluxo completo de uma hora de intervalo. A concepção adotada na Orientação Jurisprudencial, mais do que se inserir no âmbito privado dos empregados, desestimula a negociação coletiva, quando o TST abre uma fenda no princípio de valorização da ampla negociabilidade.

A seu turno, as decisões mais recentes do TST não têm instilado o sentido de interpretação que decorre diretamente da *vontade do legislador constituinte*:

> DISSÍDIO COLETIVO. ACORDO PARA SEU AJUIZAMENTO. MANUTENÇÃO DE CLÁUSULAS SOCIAIS ANTERIORMENTE AJUSTADAS EM NEGOCIAÇÃO COLETIVA. A) Na Delegacia Regional do Trabalho a Suscitada diz que retirava suas propostas para aguardar o Dissídio Coletivo. Ajuizado o Dissídio, em 26/1/2005, na audiência de conciliação foi dito pelo Ministro Instrutor que o processo se encontrava devidamente formalizado pela legislação atual e em seguida deu a palavra à Suscitada, que nada disse sobre a necessidade de acordo e foi iniciada uma negociação que, entretanto, não se concretizou. Mas, apresentando a sua resposta, a Suscitada disse que não concordava com o ajuizamento do Dissídio. Não poderia mais manifestar a sua oposição, pois, até então, comportara-se como se concordasse com o mesmo. B) Cláusulas Sociais conquistadas em negociações anteriores devem ser mantidas pela Sentença Normativa por aplicação do § 2º do art. 114 da Constituição Federal com as modificações feitas pela EC n. 45/2005. TST-

---

(28) "INTERVALO INTRAJORNADA PARA REPOUSO E ALIMENTAÇÃO. NÃO CONCESSÃO OU REDUÇÃO. PREVISÃO EM NORMA COLETIVA. VALIDADE. (DJU 22.06.2004, p. 262). É inválida cláusula de acordo ou convenção coletiva de trabalho contemplando a supressão ou redução do intervalo intrajornada porque este constitui medida de higiene, saúde e segurança do trabalho, garantido por norma de ordem pública (art. 71 da CLT e art. 7º, XXII, da CF/88), infenso à negociação coletiva."
(29) Cf., no tópico, o que dispõem os incisos XIII, XIV e XXVI do art. 7º da CR/88.

DC-150085/2005-000-00-00.3 — SDC — Rel. Min. *José Luciano de Castilho Pereira*⁽³⁰⁾.

O dissídio coletivo tem como pressuposto de ingresso em juízo um conflito de interesses coletivos⁽³¹⁾. No magistério de *Hans Nawiasky*, como se viu, o contrato de trabalho é qualificado de contrato intercambial porque opostos os interesses a que as partes visam em sua constituição e em seu desenvolvimento ao lado dos chamados contratos comunitários ou societários⁽³²⁾.

Não se trata, para a caracterização do conflito, de *lesão de interesses coletivos*, como pretendem *Brun e Galland*⁽³³⁾. Aliás, no que diz respeito aos dissídios de natureza econômica, para a constituição de fatos jurídicos, com eficácia no grupo, não se compreende onde ajustar aí o conceito de lesão. Lesão implica direito subjetivo e a sentença normativa, como se verá adiante, que tem por finalidade reequacionar interesses divergentes (mas não lesados), é que vai criar o direito subjetivo, através da norma constituída (direito objetivo). A elaboração da sentença normativa alcança sua fonte, pura e simplesmente, nos conflitos coletivos de trabalho, que legitimam a pretensão à tutela jurisdicional. A tais conflitos chamava a Constituição Federal de 1946 de *dissídios* ou de *controvérsias* (art. 123 e seu § 2º), em que se fixavam ou se estabeleciam *normas e condições de trabalho*⁽³⁴⁾. A nomenclatura inseriu-se como costume na esfera trabalhista, absorvida pelas Constituições subseqüentes.

O objeto da pretensão nos dissídios coletivos ou, no dizer de *Francisco Milani*, a *ratio materiae*, consiste na aplicação de normas coletivas ou no pedido de novas condições de trabalho⁽³⁵⁾, ao que antecipava *Francisco Carnelutti*, para quem a pretensão consistia, além da aplicação de contratos coletivos e de outras normas existentes, no pedido de novas condições de trabalho ("*la richiesta de nuovi condizioni di lavoro*")⁽³⁶⁾. Bastaria que se atentasse para as construções acima, para se ver a deformação contida na armadura da EC 45/04, com a redação do inusitado § 2º do art. 114 da CR/88.

---

(30) www.tst.gov.br, acesso em 31.01.06.
(31) Cf. ALVIM NETO, 1972, v.1, p. 10-4.
(32) Cf. NAWIASKY, 1962, p. 295 *et seq*. e em toque de abordagem hermenêutica *a latere* SILVA, 2005, p. 97-122.
(33) BRUN, GALLAND, 1958, p. 952.
(34) CATHARINO, 1951, p. 281 *et seq*.
(35) MILANI, 1940, p. 171.
(36) CARNELUTTI, 1936, p. 137.

OS CONFLITOS COLETIVOS E O ESTADO

O Estado moderno debate-se diante desta problemática: a efervescência de interesses intragrupais divergentes, comovendo, com minacidade incansável, os alicerces da ordem social[1].

Verificando-se nos conflitos coletivos do trabalho — dos pacíficos aos mais violentos — um agente desagregador das forças construtivas e ordenadores da sociedade, assumiu o Estado, de logo, posição ativa no equacionamento, por via jurídica, dos interesses conflagrados[2].

Antes de tudo, os conflitos caracterizaram-se pela absorção de áreas definidas e específicas de vida social, localizados nas relações entre empregados e empresa. Seu alargamento, para as categorias afins, não mudou a face subjetiva do problema, que permaneceu oriundo daquelas relações.

Daí, surpreendeu-se o Estado com esta postura: se o conflito envolve uma categoria profissional ou econômica, as características da solução devem bastar-se às exigências do problema. Eis o lineamento extrínseco-formal da sentença normativa, que, como instrumento processual, atende a suas finalidades intrínseco-materiais.

Ao Estado exigia-se, conceitualmente, algo mais: não a revelação do direito, mas a sua criação. À juridicidade, em todo o direito positivo, eram estranhos aqueles fenômenos sociais esboçados em surtos conflitivos, que se generalizavam e recrudesciam gradativamente.

---

(1) *Mariano R. Tissembaum, apud* PEREZ PATON, 1954, p.674-5. *Perez Botija* afirma: "Por sua transcedência política e, sobretudo, por sua repercussão sociológica, se adverte como tais conflitos, que em um princípio suscitam grupos ou setores profesionais da comunidade, podem afetar à segurança pública e ao interesse geral — Por su transcedencia política, y, sobre todo, por su repercusión sociológica, se advierte como tales conflictos, que en un principio suscitan unos grupos o sectores profesionales de la comunidad, pueden afectar a la seguridad pública y al interés general" — PEREZ BOTIJA, 1955, p.298.
(2) Da *passividade* para a *atividade estatal,* nas relações de trabalho, cf. DESPONTIN, 1957, p. 227; MIRANDA, 1953, v. 4, p. 462 *et seq.*; DE LA CUEVA, 1954, p. 757; DEVEALI, 1952, p. 1867.

Os processos técnicos de edição do direito reduziam-se à lei e às fontes indiretas, que hauriam vitalidade por inferência daquela[3].

À ciência política e à política jurídica é que incumbe, por meio da técnica jurídica, fixar e distribuir as fontes de competência que, apropriando-se da dinâmica social, transformarão em rede de normatividade, com a eficácia necessária no equacionamento das divergências de interesses dos grupos sociais. Para isso, editam-se normas. É isso que recorda *Pontes de Miranda* com a afirmação de que o problema da feitura das leis "é problema científico"[4]. Ele é, porém, político em sua direção.

Outra característica, encontrada nos conflitos coletivos do trabalho, que, além da especificidade do interesse grupal e restrito da categoria, lhes emprestou foros de singularidade, é a de representarem eles movimentos sociais iterativos, em que, a par da continuidade e permanência de certas situações juridicizáveis, outras aparecem, novas e variáveis, exigindo, em momentos ou lugares diversos, diversa cobertura normativa. A modulação é a característica pendular de tais movimentos.

Em seus antecedentes, a questão cinge-se a haver o Estado moderno topado com uma problemática socioeconômica nova, conflitante em terreno e de natureza até então inteiramente estranha à tradição normativa e construtora do direito. A absorção normativo-estatal de tais situações, a sua incorporação no mecanismo das fontes (formais) geradoras do direito haveriam de dar-se por um sistema digamos eclético, de compatibilidade entre os dados objeto de normatividade e as superestruturas político-jurídicas tradicionais[5].

Na verdade, desde que socialmente agrupadas as categorias de empregados e de empregadores em entidades autônomas, em planos de equipolência tais que se apresentam em condições mais ou menos equiparadas de forças, para se defrontarem nas controvérsias do trabalho, por certo o Estado, reconhecendo e dando vida jurídica a essas entidades representativas — como as associações profissionais e, mais acendradamente, os sindicatos —, poderia deixar campo livre à autorregulação dos interesses, nos conflitos coletivos de trabalho. Aí está um caminho que se visualiza na valorização da negociação coletiva prevista no art. 7º, inciso XXVI da CR/88[6].

---

(3) DE LA CUEVA, 1954, p. 868.
(4) MIRANDA, 1953, t. 3, p. 93, t. 3.
(5) Cf. VIANNA, 1938, p. 98.
(6) Cf. LOPES, 1998.

A interdependência de direitos públicos e de direitos materiais privados[7], no alvoroçamento com que o Estado acorreu à disciplinação das relações coletivo-individuais do trabalho, levou o poder público — a política jurídica — a densa controvérsia legislativa, quanto à fixação ou propriedade atributiva dos círculos de emanação jurídica, a que deveria caber a solução dos respectivos conflitos: se no auto-regramento (pelas convenções coletivas), se no hetero-regramento (lei, atos estatais, incluindo-se órgãos judiciais).

Embora sumariamente, é de grande interesse a abordagem do tema relativo ao Poder Normativo da Justiça do Trabalho pelo seu perfil histórico, a fim de que também seja ele avaliado em nível de tradição no sistema brasileiro e se, como uma das formas de solução dos conflitos coletivos do trabalho, não só atendeu ele às suas finalidades de eficiente e satisfatoriamente resolver tais conflitos, assim como se ele deitou raízes como uma forma natural de afluência das forças organizadas da produção — o capital e o trabalho — em seus conflitos, inserindo-se os dissídios coletivos, no correr dos anos, no próprio mecanismo da evolução conceitual socioeconômica das categorias em atividade como forma de solução de seus eventuais conflitos[8].

Muitas vezes, a ruptura abrupta do curso histórico de uma instituição jurídica e sua radical reformulação por formas até então inusitadas ou mesmo opostas àquelas que se incorporaram, desde décadas, nas expectativas e nos mecanismos das soluções judiciais de um povo, podem trazer resultados adversos senão desastrosos para a própria perspectiva de estabilidade da ordem social, a que o sistema tradicional vem bem servindo.

Significativo, na área dos conflitos que investigamos, é o exemplo da Alemanha, que implantou o sistema de conciliação e arbitragem — *die Schlichtung* (privada ou pública) em 30 de outubro de 1923[9] e que posto à margem pelo tempestuoso hiato do nazismo e após a hecatombe da Segunda Guerra Mundial, foi restabelecido pela lei de 20 de agos-

---

(7) Cf. KROTOSCHIN, 1957, p. 17. Essa confluência do direito privado e do direito público sobre relações individuais encontra magnífico apanhado na obra *Du Droit Civil ou Droit Public*, de René Savatier (SAVATIER, 1950); MORAES FILHO, 1957, v. 1, p. 120 a 122.
(8) É o que observa *Roberto Santos*, endossado por *Floriano Corrêa Vaz da Silva*, como se vê no trabalho deste *O Poder Normativo da Justiça do Trabalho*. SILVA, 1997, p.10.
(9) Cf. SCHAUB, 1996, p. 1641-1642.

to de 1946 e reelaborado pelo acordo-tipo (*Muster*) inter-associativo de 07 de setembro de 1954[10], como uma denotação do princípio de fidelidade a uma instituição, cujo modelo já se havia incorporado ao patrimônio jurídico-cultural daquele país e cuja experiência anterior não mais fizera do que tender o instituto ao aperfeiçoamento e à adaptação às suas novas condições políticas e sociais, em vigor até hoje.

Ainda no exato ângulo das investigações que aqui procedemos, vale transcrever uma passagem de *Jean-Maurice Verdier*, ao desenvolver o tema de uma das formas de solução dos conflitos coletivos na França, a arbitragem, em que, a ela referindo-se, enfaticamente anota:

"a arbitragem teve resultados importantes quando era obrigatória (lei 1936): ela realizou um real progresso no direito do trabalho. Facultativa, ela foi um insucesso"[11].

O texto deve ser lido com reserva, pois *Verdier*, ao conceituar a *arbitragem* interpola e induz dubiedade e até confusão, ao dizer que ela não é obrigatória senão quando ela é objeto de um acordo entre as partes ou é imposta por uma *convenção coletiva*. Em princípio ela *é facultativa*[12].

É oportuno lembrar que, já em 1961, quando da primeira edição deste livro, equiparávamos a sentença normativa ao desfecho de um procedimento de *arbitragem obrigatória* (veja-se, *incidenter tantum*, o § 2º do art. 764, da CLT), já que tal procedimento de solução do conflito coletivo (o dissídio coletivo) era irrecusável pelas partes conflitantes se deflagrado por uma delas e/ou até *de ofício* (CLT, art. 856, 2ª e 3ª partes — em configurações na teoria do processo como procedimento *inquisitório* e não *facultativo*), com os árbitros de antemão e também irrecusavelmente designados pelo Estado (os Juízes e Tribunais do Trabalho) e, em determinadas hipóteses, desencadeado pelo próprio Estado (ante-

---

(10) Cf. HÜECK, NIPPERDEY, 1967, v. 2, t. 1, p. 722.
(11) "arbitragem obteve resultados importantes na medida em que era obrigatória (loi 1936): ela realizou um progresso real no direito do trabalho. Facultativa ela fracassou — l'arbitrage a eu des résultats importants lorsqu'il était obligatoire (loi 1936): il a réalisé un réel progrès dans le droit du travail. Facultatif il avait abouti à un échec" — VERDIER, 1996, p.446. Cf. sobre o tema da arbitragem, FIUZA, 1995.
(12) VERDIER, 1996, p.445. Cf., ainda, com maior precisão, a classificação e conceituação das formas de solução, segundo a maior ou menor autonomia das partes, em FERREIRA, 1939, p. 247.

riormente os Presidentes dos Tribunais do Trabalho e hoje somente o Ministério Público do Trabalho)[13].

Na mesma enseada do confronto com sistemas jurídicos estrangeiros, é interessante e até singular apontar a compatibilidade do quadro político liberal que dominava a França em 1936[14] e a forma obrigatoriamente canalizada de solução dos conflitos coletivos de trabalho até então adotada, atentando-se a que a superveniente passagem para o sistema da arbitragem *facultativa* — após 1936 — veio justamente coincidir com o *ensombramento* dos horizontes democráticos, até a perda total das liberdades político-sociais em 1939, com o Governo de Vichy. Tal fato-passagem histórico, por si, seria bastante para desmistificar qualquer suposta relação absoluta entre regime democrático ou ditatorial com a forma de solução dos conflitos coletivos, conquanto seja forçoso reconhecer que — com fundamento no princípio da economia dirigida e/ou centralizada — neste último possa ou deva a intervenção estatal fazer-se mais agudamente presente, adotada, primordialmente, a solução compulsória ou a arbitragem obrigatória. Basta se lembre, no Brasil, toda a legislação cerrada que se impôs no período de 1964 a 1988, mais agravada ainda com o preestabelecimento na própria lei, na forma de limitações e/ou de inclusão de cláusulas impostas, de normas e condições de trabalho a serem inoculadas nas convenções coletivas e/ou nas sentenças normativas.

Mas a assintonia entre regime político e forma de solução de conflitos coletivos de trabalho, através da arbitragem obrigatória, não toma como exemplo apenas a França e aqui se vai muito além não só em parâmetros conceitual-ideológicos, mas ainda historicamente, o que torna precária e mítica a reiterada e sempre repetida afirmação de que o Brasil, originariamente, copiou o sistema fascista da *Carta del Lavoro*, que, então, na Itália, pela lei, de 3 de abril de 1926, canalizou a solução dos conflitos coletivos de trabalho para *il giudice del lavoro*[15].

Os precedentes são bem anteriores e não se pode negar o seu influxo direto da então legislação italiana e subseqüente no sistema pré-Estado Novo abraçado pelo Brasil.

---

(13) Cf. ainda, FERREIRA, 1939, p. 167, ns. 97 e 98 e, em classificação metódica, p.246-248, especialmente a letra *h* e, em dias mais recentes, CRETELLA JÚNIOR, 1989, v. VI, p. 3216-3227.
(14) Cf. COLLIARD, 1959, p. 84-87.
(15) Cf. D'AGOSTINO, 1938, p. 3-7 e JAEGER, 1936, p. 20-23.

Em realidade, tanto sob o prisma histórico quanto sob o prisma institucional, ao tomarem-se as soluções dos conflitos coletivos de trabalho através de juízes ou tribunais do trabalho e como forma de arbitragem obrigatória, é indispensável se tragam à lâmina da pesquisa os pioneiros exemplos da Austrália e da Nova Zelândia.

Primeiramente e com desnecessário realce, sabe-se e sempre se soube que Austrália e Nova Zelândia compuseram a então comunidade britânica (*the Commonwelth*) e conquanto se tenham tornado nações independentes jamais deixaram de se pautar em suas instituições políticas pelo espírito inglês das liberdades públicas e pelo regime democrático de governo[16].

Sucede que os países que, à primeira vez, instituíram o sistema de solução dos conflitos coletivos pelos tribunais estatais foram, exatamente, a Nova Zelândia e a Austrália, em 1894 e 1904, respectivamente, e não a Itália com seu regime fascista[17].

O nexo que se queira estabelecer, portanto, entre o regime político e a forma de solução dos dissídios coletivos (democrático-arbitragem facultativa e ditatorial-arbitragem obrigatória via tribunais do trabalho)[18], é precário e ideológico, mas não exprime uma realidade nem histórica nem conceitual, bastando observar, por exemplo, que, por princípio, se depois da enunciação de uma lei científica (que deve ser universal e inconsútil) aparece um só fato objeto de pesquisa que a excepcione, esta lei se rompe, deixa de ser lei científica e cai no cesto das suposições passadas.

Ora, conflitos coletivos de trabalho não se podem considerar uma irupção social pura e indesdobrável, que, no sistema brasileiro, devam necessariamente desencadear-se no quadro da arbitragem obrigatória, pelos dissídios coletivos sob a competência normativa da Justiça do Trabalho.

A ordem jurídica brasileira, preservando sempre, de uma maneira ou de outra, parcial ou totalmente, a livre negociação coletiva, alentou

---

(16) Cf., *en passant*, e para a época em que nos sintonizamos, PRÉLOT, 1961, p. 191 e 264 e ERMACORA, 1997, p. 634, n. 4.
(17) Cf. KAHN-FREUND, 1977, p. 117 e DRAKE, 1973, p.555, n. 554. O sistema vem se mantendo nos dois países, até que ganhou uma abertura na Nova Zelândia com vistas à ênfase à negociação coletiva e mesmo *individual*, em 1991, diante da competitividade de mercado dos países do Pacífico — cf. CARREL, HEAVRIN, 1995, p. 648-9.
(18) Cf. ainda, SILVA, 1997, remontando a *Evaristo de Moraes Filho*.

senão resguardou o princípio da autonomia da vontade seja pelos específicos canais da negociação extra-estatal com desfecho nas convenções coletivas ou acordos coletivos, seja nos sucessivos momentos e oportunidades de conciliação ou acordo no procedimento dos dissídios coletivos, com vista aos quais o juiz do trabalho "empregará sempre os seus bons ofícios" e até a *persuasão* (CLT, art. 764, § 1º, alertando-se a que a persuasão é para que as partes se conciliem e não no que devam conciliar-se). A sentença, que decide a *litis colectiva* em verdade, pois é um ato que somente vem à tona do processo e prevalece se as partes, antes, não se avieram (CLT, arts. 863 e 864). Ela permanece no fundo da cena processual, como ponto de reserva, que pode ou não ser proferida, salvo, é evidente, as sentenças homologatórias de *acordos* ou desistências, que são sentenças em sentido formal embora, no caso de acordo, com eficácia material sobre o que se acordou, como está previsto no parágrafo único do art. 831, da CLT. Tais atos, do acordo ou da desistência, incluem-se entre os chamados *atos voluntários,* relativamente aos quais a ordem jurídica confere às partes a faculdade de praticá-los ou não e cuja dimensão ou direção estão em seu arbítrio[19].

O princípio negocial da autonomia da vontade, transplantado em seu exercício para o processo da *litis colectiva*, é intocável ou irretocável pelo órgão judicial ou pela Procuradoria do Trabalho, sob pena de desfigurar-se o acordo calcado no princípio dessa autonomia da vontade outorgada aos grupos convenentes, enfaticamente e em caráter prioritário e em escala ascendente acionado nos §§ 1º e 2º, do art. 114, da Constituição Federal, que não derroga nem subverte o amplo e geral conteúdo da livre negociação coletiva analogamente prevista no art. 7º, itens VI, XIII, XIV e XXVI, da mesma Constituição.

Não há coercibilidade nem impositividade, nem intrínseca nem extrínseca, na versão brasileira de solução dos conflitos coletivos de trabalho pelos dissídios coletivos, salvo se as partes abdicam de todas as oportunidades e de todos os momentos de autonomia (no processo, a *dispositividade*) que o sistema procedimental lhes reserva.

Tão grotesca é a anomalia no sistema brasileiro de canalização dos conflitos coletivos de trabalho que nada impede ocorra uma greve

---

(19) Cf. COSTA, 1959, v. II, p. 129-30, n. 179. *José Frederico Marques*, remontando a *Goldschmidt*, chama a tais atos "*dispositivos*" — MARQUES, 1958. v. 2, p. 316-7. Ressalvem-se, em seus desdobramentos, a intervenção e os efeitos da participação compulsória do INSS.

paralelamente ao curso de um processo de dissídio coletivo (perante o Judiciário) sendo as mesmas as partes dissidentes e em greve[20].

As considerações abaixo mais corroboram a preservação do princípio da autonomia da vontade na solução dos conflitos de que ora se trata.

Em seu perfil histórico no direito autóctone, implantada uma das formas de solução dos conflitos coletivos no Brasil com a Organização da Justiça do Trabalho, pelo Decreto-Lei n. 1.237, de 2.05.1939 (arts. 56 a 64), incorporou-se tal sistema na expectativa e na prática reivindicatória das partes interessadas (empregados e empregadores, principalmente os primeiros) e a sua ampla aceitação e utilização veio sucessivamente encontrando respaldo nas Constituições Federais de 1934, de 1937 (em previsão aberta no art. 122, da primeira e 139, da segunda, marcada nesse período a adscrição dos Tribunais do Trabalho como órgãos do Poder Executivo), de 1946 (arts. 94, V e 123, quando aqueles passaram a integrar o Poder Judiciário), de 1967 (arts. 133 e 134), na Emenda Constitucional n. 1, de 17, de outubro de 1969 (art. 142) e, finalmente, na Constituição de 1988, art. 114 e § 2º, ora em vigor.

Nas pegadas de sua evolução constitucional, a que respondeu uma ininterrupta obra reguladora legislativa, o Direito Coletivo do Trabalho no Brasil pautou-se sempre pela concorrente abertura socioliberal ao criar e manter canais de soluções eficazes de conflitos coletivos do trabalho através de acordos ou convenções coletivas. Na ordem constitucional é bastante se vejam o art. 121, *j*, da Constituição Federal de 1934[21], os arts. 137 e 138, da Constituição Federal de 1937, os arts. 157, XIII e 159, da Constituição de 1946, já transmudada, irretratavelmente, a denominação de *contrato coletivo* para *convenção coletiva* a que veio logo depois se curvar a CLT (arts. 611 e seguintes, sob esse influxo, abandonando o direito italiano e derivando para o direito francês numa extralimitação da eficácia das normas do instituto para toda a categoria compreendida ou representada, o que se deu pelo Decreto-Lei n. 229, de 28.02.1966)[22], o art. 158, XIV, da Constituição Federal de 1967 e o art.

---

(20) Cf. o tema em RUSSOMANO, CABANELLAS, 1979, p. 133-5.
(21) Alertando-se que a Reforma Constitucional de 1926 e, seu art. 34, n. 28, ao estabelecer a competência do Congresso Nacional para "legislar sobre o trabalho", legitimou os então contratos coletivos de trabalho regulados pelo decreto n. 21.761, de 23.08.1932, cf. CESARINO JÚNIOR, 1956. v. 2, p. 147. E ainda quanto à adequação e à evolução da denominação — *contrato coletivo de trabalho* — cf. CESARINO JÚNIOR, 1953, v. 1, p. 283, n. 1340.
(22) Cf. RIBEIRO, 1976, p. 88 *et seq.*.

7º, XXVI, da Constituição Federal de 1988, que reconhece a validade e a eficácia das *convenções* e *acordos* coletivos do trabalho, desdobramento conceitual este que, como norma coletiva, joga com o paralelismo da posição jurídico-operacional das partes pactuantes (ou sindicato X sindicato ou sindicato X empresa)[23].

De início, importa obtemperar que o Direito do Trabalho Brasileiro não adotou como fórmula única e único desembocadouro a sentença normativa, como sistema exclusivo de solução dos conflitos coletivos do trabalho. A alternativa pela *convenção* ou *acordo coletivo* impõe a primeira consideração de que as partes conflitantes não *devem necessariamente* enveredar para os dissídios coletivos para solucionarem seus *differends*.

Mais não bastassem o dualismo ou o ecletismo ou a ambivalência compactuadora do Direito do Trabalho Brasileiro, é de sã razão, senão de probidade, se exponha que, como se aludiu acima, o miolo do procedimento e da solução via dissídio coletivo (com a competência dos Tribunais do Trabalho), se acham inexoravelmente encravados no prévio e *sine qua non* instituto da conciliação (CLT, arts. 764, *caput* e seu § 3º, 860, 863 e 864), o que amplia a compreensão da vertente convencional para a solução dos conflitos coletivos, como se dá também com os dissídios individuais (CLT, arts. 764, *caput*, seus §§ 1º e 3º, 831, cits., 847 e seu § 1º, 848 e 850), cuja inobservância acarreta a nulidade do processo.

O impulso para a negociação pode ser visto antes mesmo da introdução da nova redação do § 2º do art. 114 da CLT no modo como inicialmente se interpretou a exigência de comprovação do esgotamento das tentativas de solução do impasse antes da propositura do dissídio. Da mesma maneira como o procedimento ora fixado, o esgotamento de negociação prévia foi apontado como fator a incentivar a solução pela convenção ou pelo acordo coletivo, que foi sendo paulatinamente abrandado como pressuposto processual e suporte para a extinção do processo sem o julgamento do mérito, mesmo desaguadouro de outros pressupostos de ordem formal (a comprovação de *quorum*, por exemplo) como se percebe dos arestos abaixo:

I — SINDICATO DA INDÚSTRIA DE ÓLEOS VEGETAIS NO ESTADO DO RIO GRANDE DO SUL. 1- [...] 2 - PRELIMINAR DE

---

(23) Cf. CRETELLA JÚNIOR, 1989, v.2, p.989, n. 147.

FALTA DE NEGOCIAÇÃO PRÉVIA. I — A exigência de prévia negociação não se apresenta mais com a provecta nota da sua insistente, cabal e desarrazoada exaustão. Ao contrário, a orientação jurisprudencial da Subseção é no sentido de verificar se houve sério empenho na tentativa de conciliação, sem que esse empenho signifique a continuidade de negociações que em última instância visam a capitulação de um dos contendores das relações coletivas de trabalho. II — Tendo por norte esta nova feição jurisprudencial, constata-se dos autos ter havido efetivamente várias tentativas de negociações, que resultaram infrutíferas, sendo irrelevante que o tenham sido pelo não comparecimento dos suscitados às reuniões previamente agendadas, pois ainda assim acha-se materializado o pressuposto constitucional da tentativa de autocomposição. Preliminar rejeitada.[...] PROC. N. TST-RODC-7041/2002-000-04-00.5 — SDC — Rel. Min. *Barros Levenhagen*[24].

RECURSO DO SINDICATO DOS HOSPITAIS E ESTABELECIMENTOS DE SERVIÇO DE SAÚDE DA REGIÃO SUL E SINDICATO DOS LABORATÓRIOS DE ANÁLISES CLÍNICAS DO RIO GRANDE DO SUL. 1 — PRELIMINAR DE AUSÊNCIA DE NEGOCIAÇÃO PRÉVIA. Consta dos autos correspondência dirigida aos suscitados, convidando-os às reuniões de negociação, em duas ocasiões sem qualquer manifestação por parte das entidades patronais. Observa-se que foi requerida pelo suscitante a mediação da Delegacia Regional do Trabalho, não havendo o comparecimento dos suscitados. Tem-se, portanto, que o sindicato-suscitante buscou a composição direta, o que somente não ocorreu em virtude do desinteresse das entidades patronais. Vale registrar o cancelamento da Orientação Jurisprudencial n. 24 da SDC desta Corte. Preliminar rejeitada. 2 PRELIMINAR DE ILEGITIMIDADE. INSUFICIÊNCIA DE QUORUM. IRREGULARIDADES NA ATA DE ASSEMBLÉIA DO SUSCITANTE. Analisando-se a matéria à luz do disposto no art. 859 da CLT, a representação dos sindicatos para instauração da instância fica subordinada apenas à realização de assembléia com o quorum ali preconizado, precedida de ampla divulgação da sua realização para que dela possam participar todos os interessados integrantes da categoria profissional. Dentro desse contexto, legítima a representatividade do sindicato-recorrido, à vista do re-

---

(24) www.tst.gov.br, acesso em 31.01.06.

gistro na Ata da Assembléia Geral de que a assembléia foi reaberta, em segunda convocação, com a presença dos empregados listados às fls. 99/104, satisfazendo o que determina o art. 859 da CLT. Registre-se que o Sindicato apresentou a relação dos sócios às fls. 105/113. Preliminar rejeitada. TST-RODC-688/2003-000-04-00.7 — SDC — Rel. Min. *Barros Levenhagen*[25].

A despeito de o direito positivo pátrio facultar aos grupos privados o auto-regramento, nas convenções ou acordos coletivos de trabalho (Constituição Federal de 1988, art. 7º, VI, XIII, XVI e especialmente XXVI e CLT, arts. 611 a 625), reservaram-se, entretanto, os poderes originários do *hetero-regramento* pela lei (Constituição, art. 1º, IV e o 7º que estabelece comando ao legislador ordinário)[26], onde maciça profusão de leis, por sua natureza imperativas e de ordem pública, disciplina as relações coletivas de trabalho, prevendo os conflitos também individuais do trabalho e sua solução pelos órgãos especializados do Poder Judiciário. A par disso, insiste-se, nos atos reivindicatórios coletivos, prevalece a solução pela vontade das partes, salvo, se atentatória à ordem pública é claro e às garantias fundamentais da liberdade individual e da igualdade de oportunidades (CR/88, art. 5º, *caput* e itens I a X, XXII, XXIII, XXXV, XXXVI, XLI, LIV e LV).

Assim é que a ordem jurídica, reconhecendo a natureza diversificada e contraposta daqueles interesses das categorias econômicas e profissionais, respeitou-lhes o conteúdo sociológico de afirmação e projeção no meio social, e, natural e conseqüentemente, concedeu-lhes os meios necessários à compatibilização de seus desencontrados objetivos na órbita do direito.

Primeiro, reconheceu-lhes, através dos sindicatos ou associações profissionais, o meio idôneo de unificadamente se manifestarem. Por via de conseqüência, constituíram-se os respectivos direitos subjetivos, na pessoa das entidades representativas daqueles interesses.

Mesmo antes de se penetrar a forma, que se reputa mista, das sentenças normativas em que da criação da lei de grupo participam as categorias interessadas, quando da limitação da controvérsia no pedido, e o Estado só *ultima ratio* impondo, pelo Poder Judiciário, a solução do litígio, surpreendemos, na orientação do direito positivo, verdadeira nostalgia jurídica de auto-regramento, quando, insista-se, a lei exige ao

---

(25) www.tst.gov.br, acesso em 31.01.06.
(26) Cf. HORTA, 1960, p. 12, v.1; MIRANDA, 1953, t. 1, p. 99, § 8º; DURAND, JAUSSAUD, 1947, t.1, p. 166, n. 97.

magistrado do trabalho inste com as partes dissidentes, antes do julgamento, para que se conciliem (CLT, art. 764 e seus §§ 1º e 2º, que transforma o juízo conciliatório em arbitral, e § 3º; art. 858, que determina conste, na petição inicial do dissídio coletivo, as bases para a conciliação; arts. 862 e 863 e 866, recalcitrando nas propostas de conciliação, o que ocorreu até mesmo nos rigores do Decreto-Lei n. 9.070, de 15 de março de 1946, em que há, no art. 1º, "obrigatoriedade de serem os dissídios coletivos submetidos à conciliação prévia", promovida desde o órgão do Ministério do Trabalho — art. 4º). Não obtida ela, seguir-se-á o processo, para a sentença coletiva (art. 7º, do referido Decreto-Lei n. e 864, da Consolidação)[27].

Verificada a conciliação, em que os participantes da controvérsia coletiva se reservam hoje ampla autonomia, à respectiva homologação está obrigado o Tribunal do Trabalho, ao qual não cabe o exame de fundo das cláusulas conveniadas, tornando-se mais indevida ainda a intromissão, sob a forma de impugnação ou de recurso, a intervenção do Ministério Público do Trabalho que, como órgão fundamentalmente de opinação, não participa da *litis colectiva* como se também parte fosse. Se, no ato administrativo-jurisdicional da homologação, o Tribunal extirpa alguma cláusula ou recusa-se a homologar — o que acaba por ser também paradoxal ou contraditório em face da reserva de autonomia das partes — seria isto admissível hipoteticamente porque o órgão do Judiciário estaria participando da formação do ato coletivo com a homologação (Decreto-lei citado, art. 6º; CLT, art. 863). A recusa não poderia decorrer de um ato de avaliação em torno do conteúdo das cláusulas acordadas, o que por vezes se dá em relação à contribuição sindical, que chega a ser *consertada* pelos juízes, ao entendimento de que só é devida pelos associados do Sindicato profissional e não por todos os membros da categoria. Para que se dê a recusa é imprescindível que tenham as partes do dissídio incorrido em atentado a uma norma imperativa ou a um

---

(27) A Lei francesa não prevê de outra forma: cf. *Travail et Main D'Oeuvre*. 3. ed., editado pela U.I.M.N. — *Manuel de Legislation Sociale*, t. 1, p. 620, n. III, letra A e, ainda, na doutrina, DEVEALI, 1952, p. 188-191; CABANELLAS, 1949, v. 3, p. 619, em que cita *CALDERA*, ao salientar que "a conciliação, como fase primeira, tem que obter a harmonia voluntária das forças em choque. A arbitragem, como fase definitiva e última, tende a liqüidar, segundo razões de justiça existentes no Derecho e nos fatos, as diferenças estabelecidas — la conciliación, como fase primeira, tiende a lograr armonía voluntaria de las fuerzas en choque. El arbitrage, como fase definitiva y última, *tiende duas vezes mesmo* a liquidar, segun razones de justicia existentes en el Derecho y en los hechos, las diferencias planteadas."

princípio constitucional, pois tais acordos regem-se pelas garantias constitucionais de prioritária auto-regulação das partes na solução de seus conflitos coletivos, ainda que canalizados em dissídios coletivos.

A homologação do acordo nos dissídios coletivos, como vimos, transforma a jurisdição contenciosa-normativa em graciosa-normativa, mantidos, entretanto, na sentença homologatória, todos os efeitos normativos, que a homologação não elimina ou restringe.

Com isso, e dada a repercussão social dos conflitos coletivos do trabalho, sente-se claramente a tendência do Estado moderno, não apenas em decorrência de sua natureza e atualidade como Estado de Direito[28], mas também pelo instinto de preservação da ordem geral que o leva a sobrepor-se às ordens internas menores (os grupos representativos de parcelas de interesses sociais)[29], sente-se a sua tendência, não abdicável mas gradualmente atenuada, de chamar a si, em última análise, a solução de conflitos coletivos, cujas formas de ação estejam a serviço de pretensões que extrapolem os limites regulares de conduta social ou que ponham em iminente risco, pela natureza ou pelo decurso do tempo, as próprias bases de sustentação das fontes provedoras do tráfego socioeconômico, o que mais se justifica em se tratando ou de conturbação da ordem social ou de irreparáveis danos para a ordem econômica.

Como se há de ver, a preservação do Poder Normativo da Justiça do Trabalho jamais poderá ser descartada, mas como uma forma *de reserva* tanto de acertamento da dissidência como obviamente de situações conflituais de larga repercussão, de danosas e/ou irreparáveis conseqüências, que devem ter um paradeiro.

Em face dos conflitos de interesses específicos, decorrentes daquelas relações, exercitou-se o Estado na expansão de forças criadoras do direito, as mais diversas, para isso empregando toda a técnica jurídi-

---

(28) Cf. JELLINEK, 1954, p.253 *et seq.*; GARCÍA MAYNEZ, 1955, p. 98, n. 50; KELSEN, 1946, p. 213, em que diz: "o que comumente se chama ordem jurídica do estado, ou a ordem jurídica imposta pelo estado, *é o estado mesmo* — Lo que comunmente se llama el orden jurídico del estado, o el orden jurídico impuesto por el estado, *es el estado mismo*." E, mais abaixo: "O estado que "possui" uma ordem jurídica é concebido como uma pessoa. Esta "pessoa" é só a personificação da unidade da ordem jurídica — El estado que "posee" un orden jurídico es concebido como una persona. Esta "persona" es solo la personificación de la unidad del orden jurídico". Cf. SANTI ROMANO, 1950, n. 2, v. 1, p. 398-9.
(29) GOTTSCHALK, 1944, p. 296 *et seq.* e 315 *et seq.*

ca de edição de normas disponível. É o que chamou *Krotoschin pluralidade na função criadora do Direito*[30], que ultrapassou a exclusividade das fontes estatais tradicionais de emissão de regras de direito (lei, regulamento), para admitir formas co-participativas de autocomposição elaboradas pelos próprios grupos econômicos e profissionais de trabalho e, no caso brasileiro, junto dos Tribunais do Trabalho.

A arbitragem *obrigatória* pura, entretanto, pressupõe, via de regra, medidas sancionadoras, por coação direta ou indireta, que se aplicarão às entidades de classe, caso recusem a mediação estatal e passem às formas pressionadoras da justiça pelas próprias mãos, tais como a greve, instituto peculiar como forma de pressão coletiva que experimentou uma evolução de disciplina desde a proibição até a regulamentação como *direito do trabalhador.*

A caminho, entretanto, da nítida configuração da *arbitragem obrigatória,* como solução *forçada* do conflito, pela instauração *impositiva* do dissídio coletivo, dispôs o art. 23, da Lei n. 4.330, de 1º.06.1964, que, se não houvesse a conciliação perante o órgão do Ministério do Trabalho, conforme seu art. 11 (órgão que, aqui, também comparecia como negociador *obrigatório,* vinculante), a iniciativa da propositura da *litis collectiva* caberia conjugadamente ao mesmo Ministério Público do Trabalho e ao Presidente do Tribunal do Trabalho. Tal iniciativa se persistiu no art. 856 da CLT, no que se refere às autoridades ali nomeadas, o que o tornava incompatível com os princípios da ordem democrática e da dispositividade do processo do trabalho. Segundo o sistema vigente, a iniciativa, exógena, cabe apenas ao Ministério Público do Trabalho, situação que, estatisticamente, não tem repercussão maior comparada aos dissídios propostos pelas partes que têm aptidão para a representação das categorias econômica e profissional ou mesmo pelas empresas diretamente.

Há dualidade de procedimento na solução dos conflitos coletivos do trabalho, o da ordem estatal e o da ordem privada, e mais não têm feito os tribunais do que, em oscilantes pronunciamentos, temperar a diversidade da fonte constitucional e a da lei ordinária.

Ao Poder Legislativo deve-se, em realidade, a obra arrojada do empreendimento, isto para quem, como *Couture,* o considere capaz da elaboração de atos destinados, por sua finalidade, a dirimir controvérsia

---

(30) KROTOSCHIN, 1957, p. 19-20.

de interesses[31] e manter a regulação básica da vida social e propiciar canais aptos para o seu desenvolvimento segundo os princípios políticos da convivência e do bem-estar (*wellfare*) social.

Procedeu o ordenamento jurídico a verdadeira renovação nos sistemas de criação de normas, a ponto de ver-se o Poder Judiciário tocado, também, da varinha mágica de editar regras abstratas, impessoais, com incidência normativa sobre determinados grupos sociais. Quem o explica é *Calamandrei*, ao notar que as jurisdições são o meio de que o legislador se vale para garantir a continuidade do ordenamento jurídico[32]. Essa continuidade, aqui, porém, não se resguarda naquele sentido típico de efetividade, a que visa garantir e recompor o Poder Judiciário, como se verá adiante, mas a extensão, dentro da maior flexibilidade, da rede criadora do direito por sobre situações especiais e outras geradas nos conflitos coletivos do trabalho. Preserva-se, pela normatividade elaborada por órgãos judiciais, o ordenamento jurídico de rupturas bruscas e profundas no meio social. Aqui encontra sentido a histórica teoria de *Kelsen*[33], relativa à unidade e plenitude do ordenamento jurídico, que se realiza por um engenhoso processo de legitimidade hierárquica[34].

Também não escaparam à tarefa órgãos do Poder Executivo, através de comissões estatais ou mistas, incumbidas de, solucionando conflitos por variadas espécies de arbitragem, participar da elaboração de normas grupais específicas quanto à sua natureza e aos seus destinatários[35].

As cláusulas normativas representam uma técnica de afirmação dos grupos sociais, em categorias específicas, que dinamizam e acionam núcleos de interesses até então estranhos às fontes juriferantes reconhecidas pelo Estado. A dinamização, aí, de simplesmente social, passa a jurídica, pela captação de eficácia jurídica, tornando-se, nas

---

(31) COUTURE, 1958, p. 68, onde o saudoso processualista aproxima o ato legislativo, por seu conteúdo, do ato jurisdicional, com vasta exemplificação na legislação uruguaia. *Deveali*, contudo, em desacordo com *Couture* e com o autor norte-americano *Sanders*, melhor situa a questão: "la legislación, a nuestro entender, es la fuente de los medios de solución y no puede, pues, considerarse entre ellos" — DEVEALI, 1952, p.187, em nota.
(32) *Apud* KROTOSCHIN, 1957, p. 17.
(33) KELSEN, 1983.
(34) Cf. DU PASQUIER, 1948, p. 262.
(35) Cf. KROTOSCHIN, 1957, p. 17; CABANELLAS, 1949, p. 618 *et seq.*; DEVEALI, 1952, p.186 *et seq.*; TISSEMBAUM, 1952, p.39 *et seq.*; SANSEVERINO, [19—], p. 305; STAFFORINI, 1955, p. 695 *et seq.*

categorias profissionais e econômicas, os limites do interesse como conteúdo e objeto da sentença normativa. Essa limitação já é social e apenas juridicamente a reconhece a lei. Eis por que diz Gottschalk consistirem as sentenças normativas fontes *supletivas da vontade grupal*[36]. Está no espírito do ordenamento o deixar às categorias profissionais e econômicas, preferencialmente, a faculdade de estabelecerem, em composição, as normas a que se submeterão as relações profissionais de seus componentes[37].

Se os conflitos coletivos do trabalho se revelaram movimentos de intensa repercussão no seio da comunidade, é natural que se tenha voltado para eles o Estado até em virtude do *espírito do tempo*. De princípio, organizou, juridicamente, os grupos econômicos e profissionais, dando-lhes, depois, unidade e expressão jurídica nos interesses gerais, através das respectivas categorias, às quais incumbiria assegurar formas e sistemas que melhor equacionassem aqueles interesses, quando divergentes. Juristas franceses chamam as tais unidades organizadas *corpos sociais*[38].

Não se trata, tão só, da regularidade ou vigência do direito objetivo, em que se inseriram novas instituições com os sindicatos, as associações personalizadas — mas da inovação, no ordenamento, processada através de categorias sociais reconhecidas, o que leva implícito, no direito, a faculdade da prática de atos jurídicos e o cumprimento de suas finalidades institucionais assegurados pela legislatura, que as incorporou à vida jurídica do Estado, inclusive em preceitos constitucionais.

A formação, pois, pelo Estado, de órgãos capazes para a solução dos conflitos coletivos do trabalho não quer dizer senão um complemento, de natureza instrumental, que tem por finalidade levar até as últimas conseqüências a eficácia normativa outorgada com o reconhecimento das entidades corporativas grupais. E isso tanto nos regimes de preponderância dos sistemas de auto-regulação (países anglo-saxônicos) como nos de hetero-regulação (latinos)[39].

---

(36) GOTTSCHALK, [19—], p. 450.
(37) CABANELLAS, 1949, p. 626.
(38) Cf. BRETHE DE LA GRESSAYE, LABORDE-LACOSTE, 1947, p. 188. A técnica dá-se, no direito, pelo reconhecimento e pela constituição dos direitos subjetivos específicos, como se pode ver em DABIN, 1955, p. 175.
(39) DEVEALI, 1952, p. 186 *et seq*.; DURAND, JAUSSAUD, 1947, t. 2, p. 629, letra *b* e p.968, 1º e 2º. A matéria foi regulamentada pelas "Loi du 11 février 1950 e Loi du 26 juillet 1957. No Direito Comparado, cf., ainda, GRUNEBAUM, PETIT, 1954.

DOS CONFLITOS COLETIVOS À SENTENÇA NORMATIVA

O Direito Positivo brasileiro não se socorreu de formas de equacionamento de interesses coletivos senão, por um lado, reconhecendo autonomia às entidades sindicais, para firmarem convenções ou contratos coletivos (mesmo com empresas, na forma do art. 921, da CLT) e, por outro, deslocando para órgãos estatais a tarefa de editar regras materiais, abstratas, com força executória de lei[1]. Na legislação fascista italiana aninham-se-lhe as inspirações de antecedentes imediatos e, na australiana, os remotos.

O sistema jurisdicional traz afinidades com a arbitragem obrigatória, no sentido de que o Estado submete a decisão da controvérsia a um órgão seu, para isso previamente instituído[2]. Mas o pronunciamento estatal, como se expôs acima, só se verifica depois de esgotadas sucessivas etapas, em que se insiste com as partes litigiosas para que componham, autonomamente, a lide, através da conciliação.

O ecletismo constitucional, entretanto, deixa margem a dilema doutrinário da existência de arbitragem obrigatória no Direito Positivo brasileiro. De um lado, comete a ordem constitucional a um dos Poderes da República — o Judiciário — a atribuição de dirimir os conflitos coletivos através da sentença normativa, que compõe a regra geral válida para os grupos que pugna. Do outro, com o reconhecimento do direito de greve (art. 9º da CR/88 e condicionado a Lei Complementar quanto aos servidores públicos — art. 37, inciso VII também da CR/88), retira aos grupos o dever de se socorrerem do Estado, facultando-lhes, sob a forma da justiça privada da pressão coletiva, uma fonte autônoma de regramento.

---

(1) DEVEALI, 1952, p. 185, 186, 187, n. 5; DE LA CUEVA, 1954, p.868-869; BATALHA, 1960, p. 530 et seq., v. 2; CHAVES, 1956, p.309 et seq.; CESARINO JÚNIOR, 1953, p.93, n. 183, v.2.
(2) DEVEALI, 1952, p.185; CABANELLAS, 1949, p.626-627. Cf. acórdão do TST, processo 45-1956, Rel. Min. *Caldeira Neto*, D.J. 25.08.56.

A arbitragem, se obrigatória, há de compreender, como se afirmou, medidas sancionadoras, por coação direta ou indireta, que se aplicarão às entidades de classe, caso recusem a mediação estatal e passem às formas pressionadoras da justiça pelas próprias mãos, tais como a greve ou o *lock out*, este último hoje proibido no art. 17 da Lei 7.783, de 28.06.89. A antijuridicidade destes meios, então expressamente declarada nos arts. 10, 11 e 14 do Decreto-Lei n. 9.070/46, nas hipóteses ali previstas, assim como só poderem as partes entrar em greve depois de ajuizado o dissídio (art. 9º), configurava o afunilamento coativo dos conflitos de interesse na exclusiva órbita estatal, caso o então art. 158 da Constituição de 1946 não abrisse às forças dissidentes o recurso à solução pelo direito do mais forte[3].

A evolução conceitual da greve e a absorção disto pela legislação desemboca no art. 9º da CR/88 e da Lei 7.783/89, que a estabelecem como um direito do trabalhador, inclusive no que concerne "aos interesses que devam por meio dele defender". A greve é vista, portanto, pela doutrina e por correntes atuantes na formulação concreta dos textos legais, como o meio de pressão por excelência no campo do direito coletivo e como lugar ideal para o fomento da solução negociada dos conflitos[4].

O TST tem apreciado, com alguma regularidade, questões ligadas à alegação de abuso no exercício do direito de greve:

DISSÍDIO COLETIVO. GREVE. ABUSIVIDADE. ATIVIDADES ESSENCIAIS. TRANSPORTE COLETIVO. SERVIÇOS INDISPENSÁVEIS. ART. 11º DA LEI DE GREVE. 1. A greve, meio legítimo de pressão de que podem socorrer-se os empregados se malograr a negociação coletiva, tem como tônica quase que indissociável um prejuízo à categoria econômica em virtude da paralisação concertada do trabalho (Constituição da República de 1988, art. 9º). 2. Em greve em atividade de transporte coletivo, se ausente qualquer prova nos autos de que não se manteve em circulação uma frota mínima, depreende-se que tão-somente ocorreram os transtornos inerentes ao movimento paredista, o que, contudo, não significa não-prestação mínima de serviço indispensável, a teor do art. 11, da Lei n. 7.783/89. Afasta-se, assim, a declaração de abusividade da greve dos trabalhadores em transportes rodoviários. 3. Recurso

---

(3) Para a evolução do instituto, cf. BARROS, 2006, p. 1253-60.
(4) Cf. TARELLO, 1972, p. 57-72, capítulo denominado *O conceito jurídico de greve*.

ordinário interposto pelo Sindicato patronal Suscitante a que se nega provimento, no particular. TST-RODC-824/2003-000-15-00.9 — SDC — Rel. Min. *João Oreste Dalazen*[5]. I. [...] II. PEDIDO RECONVENCIONAL DE DECLARAÇÃO DE ABUSIVIDADE DA GREVE. Conquanto a suscitada não tivesse enquadrado processualmente o incidente em que requerera a declaração de abusividade da greve, dele se extrai pretensão reconvencional do art. 315 do CPC. Como o dissídio coletivo foi instaurado no curso do movimento paredista, sobressai a conexão da reconvenção com a ação principal, a fim de se obter pronunciamento judicial sobre a sua abusividade. III - ABUSIVIDADE FORMAL DA GREVE. CONFIGURAÇÃO. Dispõe o art. 4º da Lei n. 7.783/89 caber a entidade sindical convocar, na forma do seu estatuto, assembléia-geral que definirá as reivindicações da categoria e deliberará sobre a paralisação coletiva da prestação de serviços. O único documento acostado aos autos pela suscitante refere-se à Assembléia na qual fora aprovada a pauta de reivindicações, autorizada a celebração de acordos coletivos de trabalho e, se fosse o caso, a instauração de dissídio perante o TST, nada constando sobre a assembléia que tivesse autorizado o movimento paredista irrompido no dia 15 de setembro de 2004. Ainda na conformidade do art. 3º, parágrafo único e art. 13 da Lei de Greve é indeclinável a notificação aos empregadores, com antecedência mínima de 48 (quarenta e oito) horas ou 72 (setenta e duas) horas, da deliberação favorável à greve. O art. 10, a seu turno, considera serviço ou atividade essencial a compensação bancária. Sendo assim, mesmo tendo sido frustrada a negociação coletiva, quer se tenha em mira o prazo de 48 (quarenta e oito) horas ou o de 72 (setenta e duas) horas, deixou a suscitante de providenciar a notificação prévia da Caixa e dos usuários da iminência da eclosão do movimento. Greve declarada formalmente abusiva, com determinação de retorno definitivo ao trabalho e pagamento de 50% (cinqüenta por cento) dos dias de paralisação e compensação de 50% (cinqüenta por cento) dos restantes. TST-DC-145.688/2004-000-00-00.0 - SDC Rel. Min. *Barros Levenhagen*[6].

Os arestos demonstram a face formal da greve como ponto de segurança principalmente no que concerne às chamadas *atividades essenciais*.

(5) www.tst.gov.br, acesso em 31.01.06.
(6) www.tst.gov.br, acesso em 31.01.06.

O fato é que, objetivamente, não se pode tirar da greve a característica de momento agudo do conflito e como último repositório da força do trabalhador na sua acepção clássica.

Citando *Weiss, Jacobs* afirma:

No entanto, no moderno Estado de bem estar social, a prática da negociação coletiva é aceita como o caminho mais adequado para fixar condições de trabalho. E este método incorre no risco de as partes não concluírem a negociação satisfatoriamente. Se isto acontece, deve haver um recurso a algum método de resolver o impasse, isto é, as partes devem ter a liberdade de usar pressões econômicas para forçar a parte contrária a fazer concessões. De outro modo a negociação coletiva se equipararia a *mendicância coletiva* ("collective begging").[7]

As posições procedimentais, entrecruzando as partes interessadas e o Estado, embora mantidas pela Constituição de 1988, caminham para um palpável desequilíbrio, pois ainda que persista a dualidade de procedimentos na solução dos conflitos coletivos do trabalho, o da ordem estatal e o da ordem privada, mais não têm feito os tribunais do que, em oscilantes pronunciamentos, temperar a diversidade da fonte constitucional e a da lei ordinária. Aparentemente arma-se com o atual § 2º do art. 114 da CR/88 uma fuga a este desaguadouro judicial de controvérsias coletivas partindo da concepção de que as partes devem resolver privadamente os impasses com o uso regular do direito de greve. Este é o interesse fundante da mudança introduzida para a propositura conjunta do dissídio coletivo.

Se isto pode funcionar em um momento de desemprego crescente e num sistema em que os empregados não têm garantia da manutenção de seus postos de trabalho é questão que merece uma atenção mais detida.

Neste sentido, o poder normativo constitui, na esteira de todas as outras garantias que se exercem coletivamente (ação civil pública, ação

---

(7) "Nevertheless, in the modern wellfare state the practice of collective bargaining is accepted as the most suitable way to settle the conditions of employment. And this method incurs the risk that the parties will not conclude their negotiations successfully. If this occurs, there must be resourse to some method of resolving the impasse i.e. the parties must be free to mount economic pressures in order to force the opposite party to make concessions. Otherwise collective bargaining would amount to "collective begging"" — JACOBS, A. J. M. The law of strikes and lock-outs. *In:* BLANPAIN, ENGELS, 1998, p. 461.

popular, substituição processual etc.) um ponto de tutela daqueles que estão desprotegidos na ordem econômica. A solução talvez esteja na revalorização da eqüidade como linha diretora dos julgamentos de dissídios coletivos, ou seja, com a livre valoração do dado fático, dificultada pelo excesso de precedentes normativos, orientações jurisprudenciais e súmulas.

Não resta a menor dúvida de que a Justiça do Trabalho e o Supremo Tribunal Federal, ao admitirem, anteriormente, as sanções individuais preestabelecidas nos arts. 10 e 11 do Decreto-Lei n. 9.070/46, em caso de greve, sintonizavam a presença de evidentes vias indiretas caracterizadoras da intenção do legislador de submeter sempre aos órgãos do Poder Público os dissídios coletivos de trabalho. Pode-se falar aqui em arbitragem obrigatória, mas em termos. E por quê?

Ora, se o ordenamento jurídico pátrio deferiu ao Poder Judiciário a competência para conhecer das controvérsias coletivas, conciliar ou resolvê-las por meio de atos específicos seus, como as sentenças, é porque aí, diversamente da simples obrigação de carreá-las para os órgãos do Poder Público, concedeu, às partes, instituindo-o, um autêntico direito público subjetivo de exigirem do Estado, pela sentença normativa, a prestação jurisdicional[8]. Incidentemente lembre-se que segundo o entendimento consagrado na OJ 38 da SDC cabe, à Justiça do Trabalho, a declaração de ilegalidade da greve ou sua abusividade[9] e a ela se somam outras em fixar algumas características da extrapolação de limites[10].

Desde que canalizado o conflito para as vias procedimentais próprias, no processo coletivo, o Estado passa a integrar a formação do ato

---

(8) A iniciativa das partes há de, necessariamente, preceder o ato jurisdicional: FAGUNDES, 1957, p. 102, n. 44. No mesmo sentido, MIRANDA, 1958, t. I, p. 174; DE LITALA, 1949, p. 90. Cf., ainda, acórdão do TST, Revista Trabalho e Seguro Social, Jan./abr. 1956, p. 154.
(9) "GREVE. SERVIÇOS ESSENCIAIS. GARANTIA DAS NECESSIDADES INADIÁVEIS DA POPULAÇÃO USUÁRIA. FATOR DETERMINANTE DA QUALIFICAÇÃO JURÍDICA DO MOVIMENTO. É abusiva a greve que se realiza em setores que a lei define como sendo essenciais à comunidade, se não é assegurado o atendimento básico das necessidades inadiáveis dos usuários do serviço, na forma prevista na Lei 7783/89."
(10) "10. GREVE ABUSIVA NÃO GERA EFEITOS. É incompatível com a declaração de abusividade de movimento grevista o estabelecimento de quaisquer vantagens ou garantias a seus partícipes, que assumiram os riscos inerentes à utilização do instrumento de pressão máximo."
"11. GREVE. IMPRESCINDIBILIDADE DE TENTATIVA DIRETA E PACÍFICA DA SOLUÇÃO DO CONFLITO. ETAPA NEGOCIAL PRÉVIA. É abusiva a greve levada a efeito sem que as partes hajam tentado, direta e pacificamente, solucionar o conflito que lhe constitui o objeto."

que irá compor o *iter* e a solução dos interesses controvertidos[11]. A técnica trabalhista qualifica de *dissídios coletivos* aquela sucessão de atos processuais, submetidos aos Tribunais do Trabalho e de que formal e materialmente participam os interessados, que conduzirá à sentença normativa. O conceito de *dissídio coletivo* comporta dupla interpretação: ora como lide, conteúdo material das questões que serão decididas pelo Tribunal, através do princípio do *contraditório,* ora como espécie de procedimento, a que esmerada doutrina chama *remédio processual*[12].

Materialmente, o conteúdo jurídico da sentença normativa estampa-se na revelação criadora de regra jurídica sobre fatos, que as partes dissidentes debatem para conhecimento do Tribunal.

O deslocamento, para os Tribunais do Trabalho, de edição de normas jurídicas, revelando força jurígena prevista na Constituição, sob a forma de comandos gerais, é um passo, uma etapa de certa orientação sociológica do Direito, sob auspícios de sadia política jurídica, que tende à *meta da livre revelação do direito*[13]. Se bem tenha o *Estado-ordem-jurídica,* quando definiu os parâmetros processuais para a composição da sentença normativa pelo juiz, retirado das categorias profissionais e econômicas a última palavra sobre a norma que, em determinado círculo e momento, lhes regerá a conduta em razão do trabalho, preserva a elas, contudo, vívida contribuição na elaboração daquela norma. A Sociologia explica o fenômeno, aproximativamente, como ordens jurídicas intra-estatais que, em caso de conflitos, *inclinam-se ante a ordem jurídica estatal* no dizer de *Gurvitch*[14]. Esta participação dá-se em todos os canais de manifestação e de informação que caracterizam o exercício do contraditório e da ampla defesa e, especialmente, nos esforços para a extinção do processo por meio de transação em que as partes se voltam para o amplo debate com a condução do juiz-instrutor.

Como antecedente filosófico, a sentença normativa entende-se com os postulados da chamada *Escola do Direito Livre,* que teve precurso-

---

"12. GREVE. QUALIFICAÇÃO JURÍDICA. ILEGITIMIDADE ATIVA AD CAUSAM DO SINDICATO PROFISSIONAL QUE DEFLAGRA O MOVIMENTO. Não se legitima o Sindicato profissional a requerer judicialmente a qualificação legal de movimento paredista que ele próprio fomentou."
(11) Procura-se estabelecer distinção entre *conflito* e *controvérsia* coletiva do trabalho, como se vê em DE LA CUEVA, 1954, p.727-8, o que se afigura uma redundância dicotômica.
(12) MIRANDA. 1953, t. 1, p. 112 *et seq.*
(13) MIRANDA, 1953, t. 2, p. 193, t. 2.
(14) GURVITCH, 1948, p. 223.

res, como pioneiros, na Alemanha, a *Kantorowicz* e *Ernst Fuchs*, da *Livre Investigação Científica*, que constituiu reação na França, pelas mãos de *François Gény*, ao dogmatismo exacerbado da *Escola da Exegese*, e, também da *Jurisprudência dos Interesses* pela voz de *Philipp Heck*[15].

Ao juiz conferem-se maiores poderes de revelação do direito, que redundam em verdadeira atividade criadora ampla, procurando dar sentido e validade jurídica, através de normas, a interesses que repute essenciais à ordem social e sua vitalidade. O *movimento do direito livre* caracteriza-se por uma reação histórica à atividade lógica do juiz, à sua escravização à lei, então preso à dogmática tradicional. Passa-se a exigir do julgador atividade técnica de lúcida criação do direito, que se governa por métodos próprios de revelação. A fonte material e a eficácia da sentença normativa principiam e terminam no interesse da categoria profissional. Os limites básicos de sua pesquisa jurisdicional situam-se no campo incolor, mas principiológico do art. 766 da CLT[16], norma que a acepção da moderna teoria do direito (*Larenz, Canaris, Engisch, Schmitt* e outros[17]) qualifica de *cláusulas gerais* pelas quais se conferem ao juiz poderes de localizar e pontuar a construção da hipótese a ser equacionada[18].

O órgão em que a Constituição fez cair a competência para solucionar os conflitos coletivos do trabalho é o mesmo que julga os dissídios individuais[19]. O fundamento da competência é material, versando trato com situações que abrigam as mesmas raízes, sejam os conflitos coletivos, sejam os individuais. A diversificação dá-se apenas no ângulo de visualidade, em que, para os interesses coletivos, se editam regras dispondo, constituindo ou declarando, abstratamente e, nos últimos, aplica-se concretamente regra que se dispôs, se constituiu ou se declarou. Há, na primeira hipótese, escalão superior de hierarquia e prevalência, dada a natureza da eficácia do ato jurisdicional-normativo.

---

(15) Cf. BODENHEIMER, 1946, p. 170-174, e, ainda, GENY, 1925, p. 520 *et seq.*, HECK, 1948; BRETHE DE LA GRESSAYE, LABORDE LACOSTE, 1947, p. 205-6, BONNECASE, 1944, BONNECASE, 1928, HERNANDEZ GIL, 1971, KANTOROWICZ, 1962 e exaustivamente FIKENTSCHER, 1975-1977, v.1 e 2 bem como FIKENTSCHER, 1975-1977, v. 4, p. 202, 267 e 313-358, em precisas e objetivas conotações em torno do processo evolutivo da criação do direito *in iter*.
(16) Dispõe referido artigo: "Nos dissídios sobre estipulação de salários, serão estabelecidas condições que, assegurando justo salário aos trabalhadores, permitam, também, justa retribuição às empresas interessadas".
(17) LARENZ, 1989, ENGISCH, 1997, SCHMITT, 1995, CANARIS, 1989.
(18) Cf., sobre o tema da composição da norma pelo juiz, LOPES, 1993.
(19) Cf. DEVEALI, 1952, p. 179 *et seq.*; CATHARINO, 1949; CATHARINO, 1953-54.

Deve-se exigir, por isso, aos órgãos da Justiça do Trabalho aptidão legiferante acurada, em face do cotidiano manejo com aquelas situações, em ambos os ângulos em que se dê o conflito. Há a necessidade de uma coerência ou adequação teleológica entre o órgão e a função. Em ambas, escoa-se o direito subjetivo público, em face do Estado, para que tutele interesses, cuja juridicização se faz e se garante abstratamente pelo Poder Judiciário. Às partes confere-se o que a moderna doutrina processualista francesa chama *poder legal,* ou *direito potestativo,* entre os italianos[20], pelo qual invocam os Tribunais do Trabalho.

Chega-se próximo ao casuísmo a sucessão e a iteratividade das previsões jurisprudenciais para os fatos-suportes da controvérsia como se pode ver, exemplificativamente, e por amostragem, nas matérias objeto de decisão a partir de modelos normativos preexistentes: as Súmulas, as Orientações Jurisprudenciais e, sobretudo, por sua aguda concretude, os Precedentes Normativos do Tribunal Superior do Trabalho e dos Tribunais Regionais do Trabalho.

Eles, numa certa medida, como parâmetros reguladores uniformes, frustram a força criativa que está na origem da sentença normativa.

Desde que se haja declarado o conflito, o objetivo interior da sentença normativa é dirimi-lo. Nas sentenças normativas resolvem-se dissídios fundados em conflitos de interesses e de direitos, pela nossa sistemática. No primeiro caso, estabelecem-se *normas* sobre *relações* de trabalho. A Constituição de 1946 distinguiu *normas* de *condições* (§ 2º, do art. 123). Não se pode acoimá-la, por isso, de preciosista. *Condições* são cláusulas acidentais dos negócios jurídicos, de sabor eminentemente privatístico (art. 121 do CC/2002). *Norma,* cujo conceito se investiga pelas áreas da Teoria Geral do Direito, é genérica e compreende todo ato carregado de juridicidade, num composto de *hipótese, preceito, cominação* e *sanção.*

Quando se referia a *normas* e *condições* de trabalho, a Constituição de 1946 deixava bastante à mostra a natureza híbrida da sentença normativa, que se compõe de elementos técnicos peculiares às fontes gerais (*lei*) como às fontes individuais (*negócio jurídico*) de elaboração jurídica.

---

(20) Cf. CUCHE, VINCENT, 1960, p. 16. Para o direito de ação como direito público subjetivo, atônomo, cf. MIRANDA, 1953, v. I, p. 117; MIRANDA, 1958, v. 1, p.12 *et seq.*, 17 e 66, lendo-se à p.64: "Existe pois, o direito público subjetivo a que o Estado, por seus órgãos, preste justiça". GARCÍA MAYNEZ, 1941, p. 31; CARNELUTTI, 1955, p. 207-8; DABIN, 1952, p. 97 *et seq.* e p.187-188; ESPÍNOLA FILHO, Eduardo. Direito Subjetivo. *In:* SANTOS, 1947, v. 17, p. 390, n. 2.

A expressão não configura o limite de composição da sentença normativa de acordo com o sistema vigente após a EC 45/04. Tem-se ali a definição de parâmetros mais concretos: "respeitadas as disposições mínimas legais e proteção ao trabalho" e "as convencionadas anteriormente". A redação em vigor volta-se para o respeito a padrões mínimos de tutela, quer se considerem aqueles previstos na lei, quer se tomem aqueles que, como *norma mais benéfica*, se inseriram como conquista da categoria e que, por isto, constituem um aspecto fático a ser ponderado na avaliação da controvérsia.

Exame outro, e um pouco mais acurado, demonstra que o ordenamento jurídico passa a considerar o conflito de interesses fora dele, no plano social, das relações econômico-profissionais, ainda não integrando a sua órbita de ação jurídica. Em antecedentes doutrinários, no campo da Teoria Geral do Direito, classificam-se como *fontes materiais de direito,* porém, específicas. Há, aí, avanço.

Nos dissídios individuais, nas sentenças singulares, comuns, o conflito já se opera dentro do ordenamento, sobre fatos já jurídicos, a que se pede, apenas, declaração e asseguramento de eficácia individuada. A discutibilidade versa fato sob preceito legal, sob *norma in genere* (costumes, usos, atos negociais). O Tribunal dá a esses fatos a eficácia pedida por uma das partes, preceituando-a como correta, em face da lei ou de outra cobertura normativa incidente. Diz-se, aqui, sobre relação, que já é jurídica.

Nos dissídios coletivos econômicos, todavia, aquilo a que visa uma das partes é a criação do direito objetivo, constituindo-se, depois, os direitos subjetivos singulares correspondentes. Aí se arma novo círculo de juridicidade, porque fatos novos, apenas econômicos ou sociais, passaram a *jurídicos,* pelo toque do Poder Judiciário com a sentença normativa. Quem faz a metamorfose de fatos do mundo em fatos jurídicos é aquele Poder, cuja missão é a de revelar juridicidade existente e não criá-la em conteúdos abstratos.

A discutibilidade, entretanto, em torno daquela norma criada, reconduz a controvérsia ao Judiciário, mas em ações individuais, em que se debaterá a aplicação ao caso concreto de preceito vigente, oriundo da sentença normativa (CLT, art. 872, § 2º). A natureza da tutela jurisdicional como direito público subjetivo, nesse caso, não difere daquela que precede aos dissídios coletivos, distinguindo-se, todavia, a relação subjetiva processual, quando, nos dissídios individuais, a *legitimatio ad causam* pertence ao empregado ou empregador, como titulares de direitos concretos, comparecendo a entidade sindicato como delegada de poderes de representação do associado circunscritos àqueles direitos (CLT, art. 513, letra a, segunda parte; arts. 843, § 2º, in fine, 839, letra a). É o de que dá notícia o consectário da OJ 03 da SDC[21].

Daí a importância da outorga direta de poderes pela assembléia, situação que é fonte de volumosa margem de impugnação nos dissídios coletivos como se vê a seguir:

RECURSO ORDINÁRIO EM DISSÍDIO COLETIVO. ASSEMBLÉIA-GERAL. EDITAL DE CONVOCAÇÃO. AUSÊNCIA DE COMPROVAÇÃO. O edital de convocação e a respectiva ata da Assembléia são peças essenciais à instauração do dissídio coletivo. Ainda que observadas as disposições estatutárias sobre o tema, deve o edital de convocação ser publicado em jornal de grande circulação, abrangendo os municípios componentes da base territorial, consoante a jurisprudência consubstanciada nas Orientações Jurisprudenciais n.s. 28 e 29 da SDC/TST. Recurso a que se nega provimento. PROC. N. TST-RODC-16.002/2005-909-09-00.5 — SDC — Rel. Min. Carlos Alberto Reis de Paula[22].

RECURSO ORDINÁRIO EM DISSÍDIO COLETIVO. RECURSO DA FEDERAÇÃO DAS INDÚSTRIAS DO ESTADO DA BAHIA ILEGITIMIDADE DE REPRESENTAÇÃO. ASSEMBLÉIA ÚNICA. Os Recorrentes alegam ser necessária a realização de várias assembléias, uma em cada Município integrante da base territorial de representação do Sindicato profissional. A jurisprudência iterativa e atual desta Seção Especializada não enseja esse entendimento. Na hipótese, é válida a Assembléia realizada, uma vez que o Edital de Convocação foi publicado em periódico de ampla circulação em todos os Municípios de interesse, resultando atendida a disposição legal específica, a esse respeito. TST-RODC-20.186/2000-000-05-00.4 — SDC — Rel. Min. Carlos Alberto Reis de Paula[23].

PRELIMINAR DE INEXISTÊNCIA DE QUORUM PARA INSTAURAÇÃO DA INSTÂNCIA. I — Analisando-se a matéria à luz do disposto no art. 859 da CLT, a representação dos sindicatos para instauração

---

(21) "ARRESTO. APREENSÃO. DEPÓSITO. PRETENSÕES INSUSCETÍVEIS DE DEDUÇÃO EM SEDE COLETIVA. São incompatíveis com a natureza e finalidade do dissídio coletivo as pretensões de provimento judicial de arresto, apreensão ou depósito."
(22) www.tst.gov.br, acesso em 30.01.06.
(23) www.tst.gov.br, acesso em 30.01.06.

da instância fica subordinada apenas à realização de assembléia com o quorum ali preconizado, precedida de ampla divulgação da sua realização para que dela possam participar todos os interessados integrantes da categoria profissional. Dentro desse contexto, legítima a representatividade da suscitante, à vista do registro de que participaram da assembléia, em segunda convocação, 57 representantes de sindicatos diversos de um total de 37 entidades sindicais filiadas, satisfazendo o que determina o art. 859 da CLT. Preliminar rejeitada. [...] TST-RODC-7041/2002-000-04-00.5 SDC — Rel. Min. *Barros Levenhagen*[24].

Nos dissídios coletivos age o sindicato em nome da categoria (art. 513 citado, alínea *a*, primeira parte). Ambas as hipóteses não se confundem com a prática, pelo sindicato, de atos em juízo no próprio nome, para acionar ou contestar ação em torno de direitos seus como pessoa jurídica regularmente constituída e resguardada em tudo que lhe toque ao patrimônio da organização ou administração ou às finalidades (CLT, arts. 525, 526, 528)[25].

São fatos econômicos, fatos relacionais de trabalho, em que recairá a dispositividade da lei de grupo ou são fatos jurídicos, cujos efeitos as partes querem ver claro ou modificar (sentença normativa declaratória), para eficácia junto de toda a categoria, ou fatos só, fora do direito, que empregados ou empregadores, pela representação sindical da categoria, querem ver *fatos-jurídicos*, gerando eficácia normativa[26].

Se apenas *fato,* para que seja *jurídico,* carece de uma norma — o direito objetivo — que o capte, o cubra e lhe instile eficácia jurídica. Essa norma, a que os grupos profissionais dão nascimento a partir da pretensão à tutela jurisdicional, compõe-se no Poder Judiciário.

Ninguém tem *pretensão,* como direito público subjetivo, à edição de uma lei (salvo excepcionalmente a legitimação para o ingresso com o *mandado de injunção,* hoje previsto no art. 5º, inciso LXXI da CR/88[27]. Sua iniciativa, sua oportunidade é comando constitucional à discrição

---

(24) www.tst.gov.br, acesso em 30.01.06.
(25) Na hipótese do art. 500, o Sindicato, em figura assimilável à do tutor e à do curador, supre a vontade presumivelmente coagida do empregado. Se recusa a assistência, vem a juízo motivar a recusa, em defesa de um direito-dever em que exerce como pessoa jurídica subordinada a determinados fins de tutela de seus associados.
(26) Cf. COUTURE, 1958, p. 80. Cf. os avanços e as incursões no processo em geral em FIGUEIREDO, 2003, especialmente p. 8 *et seq.*
(27) Cf. PAULA, 1995, STRENGER, 1988. O instituto veio esvaziando-se gradualmente ao influxo da postura conservadora do Supremo Tribunal Federal.

de órgãos competenciais do Poder Público⁽²⁸⁾. Aqui principia distinção fundamental no campo do direito público, entre sentença como norma abstrata, geral, para o futuro, e lei.

A função jurisdicional, pela aplicação do direito, é que estabelece o contato da norma com o fato. É por ela que se tira do fato, já concreta e dinamicamente apreendido, seu conteúdo qualitativo de normatividade individuada⁽²⁹⁾. A criação pela força da *incidência*, porém, que é genérica, que se constrói por via de captação abstrata, antecede à *aplicação*, que tem por fim precisar, individuando, os contornos daquela⁽³⁰⁾. Uma não se confunde com a outra em sua própria natureza e função.

Desde que os sistemas tradicionais de edição de normas, como a lei — de mais difícil e lenta elaboração —, ou como os atos puros do executivo, que, tais como os decretos, tem por finalidade regulamentar aquela, não colorem com a suficiente fidelidade relações sociais de pronta ebulição ou sucessividade fácil, como os conflitos coletivos de trabalho, nada impede que lhes cometa a solução o ordenamento a um Poder, como o Judiciário, que, por suas características, possa manter contato direto e mais preciso com os fatos normatizáveis e os grupos de interesse e mais prontamente segui-los. Atinge-se, aí, o primeiro escopo ou o *supremo interesse*, no dizer de *Pound*⁽³¹⁾, que é justiça concreta e a segurança geral, por ele traduzida na *salus populi suprema lex*.

A par disso, ressalte-se o preservar a participação das categorias conflitantes na elaboração da norma grupal, que se dá na ampla discussão dos fatos que serão objeto da sentença normativa. Atende-se, aí, a influxos de política jurídica, que visa a garantir a eficácia e a oportunidade da normatividade grupal e o imediato esgotamento de seu *desideratum* socioeconômico.

Não se estranha, no Direito do Trabalho, ainda que nos julgamentos de dissídios individuais, o uso mais pronunciado do poder criador do juiz, pela *integração* ou pela *eqüidade,* que se examinará adiante, exata-

---

(28) Referindo-se aos "corpos legislativos — corps législatifs", diz *Bluntschli*: "Apenas eles formulam a lei — Seul il formule la loi" — BLUNTSCHLI, 1958, p.66. Cf. BURDEAU, 1957, p. 271 e 420, como iniciativa de determinados órgãos do Poder Público.
(29) COUTURE, 1958, p. 80, n. 16.
(30) Cf. MIRANDA, 1954, t. 1, p. 4, n. 3.
(31) POUND, 1959, p.37. *Martins Catharino*, com muita felicidade, traduz o fenômeno por "implícita instabilidade", que contêm as sentenças normativas constitutivas — CATHARINO, 1958, p.27.

mente em virtude do sabor do inesperado, de adverso aos cânones tradicionais do Direito, que se encontra latente nas relações entre empregado e empregador.

Trata-se aqui, em tese, pelo poder *normativo*, em sentido literal, o de *fazer norma* da possibilidade do uso primordial da *eqüidade*, como poder de o juiz, diretamente, estabelecer a conotação de um fato jurídico

Esta possibilidade não é nova na história do direito ocidental, ainda que em sua matriz anglo-americana. A *Court of Chancery,* que ganhou força na Inglaterra a partir da Renascença, representou um momento em que a ordem jurídica, fundada na *common law,* precisava extravasar seus limites. A *eqüidade* era a base dos julgamentos[32].

Após exemplificar a utilização do modelo com o art. 114 da CR/88, *Mônica Sette Lopes* afirma:

Afigura-se nestas hipóteses a fixação a ser feita pelo juiz de modo direto, ou seja, sem a intermediação do legislador, de valoração jurídica que alcança elementos da vida que até aquela altura se encontravam fora dos domínios da juridicidade. [...] O embate do tribunal do exercício da escolha caracteriza-se pela crua proximidade da dicotomia dos interesses econômico-sociais que se digladiam no contexto produtivo: de um lado o capital que tem em vista auferir o maior lucro possível e, de outro, o trabalho que deseja vender sua força pelo preço mais alto, em que se inserem benefícios diversos na própria fase produtiva. [...] A sentença normativa, na versão atual de sua disciplina, portanto, pode criar direitos e deveres para as partes que a ela se obrigam, os quais vão desde a obrigação de colocar armários ou filtros para os empregados até a garantia de emprego por um determinado período ou a imposição de reajuste salarial ou pagamento de produtividade[33].

Deixar a Constituição à Justiça do Trabalho a edição de regras jurídicas — regras de grupo — explica-se no inusitado dessas relações e na tumultuária reprodução dos fatos exigindo pronta e específica normatividade[34]. Se, como pensa *Couture,* pode investir-se a lei da *faculdade de dirimir conflitos de intesresses* entre empregados e empregadores[35], aqui, a edição de normas pelo Poder Judiciário atua como técnica

---

(32) Cf. LOPES, 1983, p .83-106.
(33) LOPES, 1993, p. 144-6.
(34) COUTURE, 1958, p. 83
(35) COUTURE, 1958, p. 68. Cf. GUSMÃO, 1956, p. 9.

de experimentação social, verdadeiro sentido empirista na adequação jurídica, através do casuísmo irrefreável das sentenças normativas.

Exemplos há e não poucos, em relações individuais e coletivas de trabalho, cujos preceitos normativos ou jurisprudências se sedimentaram, posteriormente, em dispositivos de lei[36].

Manuel Mendes de Freitas chama a atenção para o fato quando se manifesta sobre o papel da sentença normativa após a Constituição de 1988:

> Essa atividade "regulamentadora", apresentando-se às vezes com discreto conteúdo criador, constitui uma das mais interessantes facetas da atuação normativa da Justiça do Trabalho. Lidando seus juízes, em caráter privativo, com o Direito do Trabalho e recebendo, continuamente, as luzes dos debates travados tanto na área dos dissídios individuais quanto na dos coletivos, ficam em ótima posição para "completar" a legislação trabalhista, explicitando-a e tornando-a ainda mais adequada às áreas específicas de cada categoria no período de interesse para a decisão normativa. [...] Inúmeros exemplos dessa atuação "regulamentadora-criadora" encontram-se nos "precedentes" e na "jurisprudência" do egrégio Tribunal Superior do Trabalho relativos a dissídios coletivos, bem como dos Tribunais Regionais. E é interessante observar que várias dessas criações jurisprudenciais têm sido adotadas pelo legislador ordinário, como, por exemplo, a instituição de multa para as hipóteses de atraso no pagamento das parcelas decorrentes de rescisão contratual (Lei n. 7.855, de 24/10/89)[37].

A muitos autores de Direito do Trabalho[38], como que inspirados na histórica polêmica entre *Savigny* e *Thibaut*[39], pareceu precipitada a co-

---

(36) O parágrafo único do art. 146 da CLT é preceito legal colhido, em sua origem, em fonte exclusivamente jurisprudencial. O mesmo pode-se afirmar em relação à súmula 90 e aos arts. 58 e 458 da CLT com a redação dada pela Lei n. 10.243/01. A Lei n. 2.510, de 20 de junho de 1955, de que se tratará adiante, estratificou, apenas, árdua polêmica processual originada nos dissídios coletivos. Cf. CRUET, 1956, p.54 *et seq.*
(37) FREITAS, Manoel Mendes de. Poder normativo da Justiça do Trabalho. *In:* MENDONÇA et al. 1997, p.156-7. Cf. sobre o mesmo papel no direito espanhol, ALFONSO MELLADO, 1993, p.226-7.
(38) Cf. MORAES FILHO, 1956, v.1, p.406 *et seq.*, ALONSO GARCÍA, 1957, p.229 *et seq.*
(39) Cf. STERN, 1970, para os textos que consignam a discussão entre os dois pensadores do direito nos idos de 1814, MOUCHET, BECU, 1957, p.190 *et seq.*, CRUET, 1956, p.54 *et seq.*

dificação de suas regras jurídicas, dada a imaturidade da matéria. Distendendo-se à lei mesma, pelo seu caráter de permanência, tem-se como processo técnico excessivamente estável para acompanhar a ora harmoniosa, ora tumultuária instabilidade que se deve assegurar nas relações econômicas e sociais de trabalho. É o que explica a rápida evolução do Direito do Trabalho precipitada numa espantosa sucessividade de leis aligeramente periódicas[40].

Os exemplos desta atuação *regulamentar* ou *eqüitativa* continuam surgindo, como se vê abaixo:

REAJUSTE SALARIAL. I — O art. 13 da Lei n. 10.192/2001 veda a concessão de reajuste salarial com base em índices inflacionários, considerando o princípio ali consagrado da desindexação da economia, o que impede a concessão do percentual deferido pelo Regional. II — A Justiça do Trabalho, dentro do poder normativo que lhe é assegurado pelo art. 114, § 2º, da Constituição, tem a possibilidade de conceder percentual de reajuste que julgue condizente com a perda salarial da categoria profissional. O § 1º do art. 12 da Lei n. 10.192/2001 dispõe, por sua vez, que a decisão que puser fim ao dissídio coletivo deverá traduzir, em seu conjunto, a justa composição do conflito de interesse das partes, e guardar adequação com o interesse da coletividade. III — Nesse passo, é imperiosa a concessão de reajuste que contemple a um só tempo a necessidade de reposição salarial da categoria profissional e a capacidade econômica da empresa suscitada. Por conta disso, a título de eqüidade e visando conciliar os interesses em choque, julga-se de bom alvitre a concessão do reajuste de 18%. Recurso provido. TST-RODC-1972/2003-000-03-00.6 — SDC — Rel. Min. *Barros Levenhagen*[41].

---

(40) *Couture* dá as seguintes características ao Direito do Trabalho: Soluções de emergência; falta de coerência e unidade nos fenômenos do Direito do Trabalho; forma tumultuosa de ele produzir-se, fórmulas híbridas, mistas de legislação, administração e justiça (COUTURE, 1958, p. 83; cf. nota 43, p. 86). *Oliveira Vianna* acentua, justificando a sentença normativa: normas que mais facilmente se possam modificar, atendendo às necessidades sociais (VIANNA, 1938, p. 41); princípio da eficiência do serviço público (VIANNA, 1938, p. 44); princípio da colaboração dos particulares com o Estado (VIANNA, 1938, p. 48), que caracteriza o abandono da concepção própria à doutrina democrático-individualista, do antagonismo entre Sociedade e Estado (VIANNA, 1938, p. 50) e direito à descentralização jurídica ou legiferante, consectário do princípio da legalidade e da soberania.
(41) www.tst.gov.br, acesso em 30.01.06.

DISSÍDIO COLETIVO ORIGINÁRIO — CONTEC — CAIXA ECONÔMICA FEDERAL — REAJUSTE SALARIAL — PRODUTIVIDADE — PONTO ELETRÔNICO. I — Reajuste salarial e produtividade: deferido aos empregados da Caixa Econômica Federal, em substituição ao reajuste salarial e à produtividade postulados, o pagamento de abono salarial linear de R$ 1.200,00 (mil e duzentos reais) brutos, a ser pago, nos meses de dezembro/2000, janeiro/2001, fevereiro/2001 e março/2001, em quatro parcelas de R$ 400,00 (quatrocentos reais), R$ 300,00 (trezentos reais), R$ 250,00 (duzentos e cinqüenta reais) e R$ 250,00 (duzentos e cinqüenta reais), respectivamente. Referida solução pode não ser a ideal, mas certamente é a que se revela razoável e equânime, na medida em que se procura compatibilizar as necessidades e expectativas dos empregados com as possibilidades financeiras da empresa, dentro de uma realidade econômico-financeira que diversos os seguimentos produtivos da sociedade brasileira precisam se ajustar, atentos às transformações que ocorrem no mundo e que certamente projetam seus reflexos em nosso País, mormente na relação capital e trabalho. II - Ponto Eletrônico: decidido que a Caixa Econômica Federal, no prazo de 9 (nove) meses, contado a partir da data do julgamento, prorrogado, se necessário, por mais 3 (três) meses, implementará sistema de ponto eletrônico em seus estabelecimentos, com exceção das agências ou postos com até 10 (dez) empregados. DC 712983/00 — Rel. Min. *Milton Moura França*[42].

DISSÍDIO COLETIVO DE GREVE. GARANTIA DE EMPREGO. PORTADOR DE DOENÇA PROFISSIONAL OU OCUPACIONAL. 1. Justa e razoável a manutenção de garantia de emprego ao portador de doença profissional ou ocupacional até a aposentadoria, com base em cláusula prevista em convenção coletiva celebrada anteriormente pelas mesmas partes. 2. O meio ambiente do trabalho seguro e saudável é direito humano fundamental do empregado, reconhecido na Constituição da República, bem como em normas internacionais de direito do trabalho que integram o ordenamento jurídico brasileiro (arts. 6º e 200, *caput* e inciso VIII, da Constituição Federal; Pacto Internacional sobre Direitos Econômicos, Sociais e Culturais das Nações Unidas, promulgado pelo Decreto n. 592/92, art. 12; e Convenção n. 155 da OIT, promulgada pelo

---

(42) www.tst.gov.br, acesso em 30.01.06.

Decreto n. 1.524/94). 3. A tônica da Constituição da República quanto à tutela da higidez física e mental do trabalhador reside na adoção de medidas preventivas, eliminando-se fatores de risco para acidentes e agentes causais de enfermidades (art. 7º, inciso XXII, da Constituição Federal). 4. Nesse sentido, recai sobre o empregador a responsabilidade primordial pelas medidas de higiene e segurança que obstem a ocorrência de doenças profissionais e acidentes no trabalho (art. 16 da Convenção n. 155 da OIT e art. 19, *caput* e parágrafos da Lei n. 8.213/91). 5. O Decreto n. 3.048/1999, atual Regulamento da Previdência Social, traz no anexo II critérios precisos de nosologia, para diagnótico e avaliação da incapacidade laborativa segundo parâmetros científicos. Assim, não enseja o aumento significativo do número de empregados beneficiados pela garantia de emprego, tornando o encargo financeiramente insuportável. 6. Recurso Ordinário interposto pelos Sindicatos patronais Suscitantes a que se dá parcial provimento, apenas para incluir na cláusula a exigência de que a doença profissional seja comprovada, exclusivamente, por atestado médico do INSS que demonstre o nexo de causalidade e a incapacitação do empregado para o exercício da função que ocupava, mas não para outra atividade que seja compatível com o seu estado físico ou psíquico. TST-RODC-1828/2003-000-15-00.4 — SDC — Rel. Min. *João Oreste Dalazen*[43].

DISSÍDIO COLETIVO DE NATUREZA ECONÔMICA E REVISIONAL. ADMISSÃO. SUBSTITUIÇÃO. SALÁRIO. 1. Defere-se cláusula coletiva que garante ao empregado admitido para ocupar o lugar de outro, dispensado sem justa causa, o menor salário previsto no estabelecimento para idêntica função, sem considerar vantagens pessoais. 2. Tal norma visa a precatar o aviltamento dos salários, levado a efeito mediante a substituição de empregados despedidos por mão-de-obra mais barata, prática lamentavelmente comum no mercado de trabalho pátrio, máxime quando a recessão econômica oferece considerável número de pessoas desempregadas, naturalmente ansiosas por qualquer oportunidade de labor. 3. Recurso ordinário interposto pelo Sindicato patronal Suscitado a que se dá parcial provimento. PROC. N. TST-RODC-20349/2002-000-02-00.7 — SDC — Rel. Min. *João Oreste Dalazen*[44].

---

(43) www.tst.gov.br, acesso em 30.01.06.
(44) www.tst.gov.br, acesso em 30.01.06.

Em sua contextura e objetivo, afim, como é, dos contratos coletivos[45], a sentença normativa preserva, perfeitamente, esse incontido fluxo que estua nas relações coletivas do trabalho; concede às partes grande inserção de auto-regramento na edição da norma; atende à necessidade de imediata juridicização de fatos econômico-sociais conflitualmente graves e, finalmente, acautela a tranqüilidade comunitária com resolver, sem maiores desgastes, as dissensões entre as categorias econômicas e profissionais.

Se um ordenamento, em relação à ordem internacional[46], cria leis particulares, para a ordem nacional, pelos seus sistemas construtivos do direito, a sentença normativa, em relação à ordem interna, estatal, cria a lei do grupo, mas em atinência e exclusividade às classes imediatamente envolvidas no conflito de interesses e na elaboração da norma — empregados e empregadores, pelas categorias econômicas e profissionais, aos quais o ordenamento jurídico concede a necessária tutela.

O sistema positivo brasileiro regula as relações coletivas do trabalho e seus conflitos, ou através da técnica estatal direta nas leis imperativas ou da técnica privada, no auto-regramento, como as convenções e os acordos coletivos, com interferências e asseguramento de eficácia pelo Estado, ou, finalmente, da técnica intermediária, ou mista, nos dissídios coletivos de que participam os interessados junto ao Estado, na elaboração de normas com eficácia coletiva.

Nos processos de dissídios coletivos, para as sentenças normativas, ainda que formalmente o ato venha a constituir-se através de um curso processual preestabelecido[47], como atos jurisdicionais em sua forma e pela natureza subjetiva do órgão que deles participa, há exceção, no direito positivo pátrio, à iniciativa da instauração da instância coletiva das partes, quando pode levá-la a efeito em circunstâncias especiais, o Estado, pelo Ministério Público do Trabalho, em caso de greve (art. 114, § 3º da CR/88, e arts. 856 e 857 da CLT, falando aquele: "sempre que ocorrer suspensão do trabalho").

---

(45) VIANNA, 1938, p. 169 et seq.; BALELLA, 1933, p. 396 et seq., PUECH, 1960, p. 322 et seq.
(46) Há preeminência ou primado do direito das gentes sobre a ordem estatal interna e há, pois, correlação entre ambas. Cf. PONTES DE MIRANDA, 1953, t. 1, p. 142, n. 129, o que hoje mais se visualiza na União Européia.
(47) Não se pode deixar de considerar o papel dos precedentes judiciais — as súmulas, as OJ's e os precedentes normativos, propriamente — nos julgamentos em geral e, especialmente, no que concerne aos dissídios coletivos.

Mas a sentença normativa não é só processualmente, por tramitação e procedimentos, um ato judicial conclusivo. Ela se constitui juris-dicionalmente em seu próprio conteúdo, que é o resultado de *controvérsia*, sustentada no princípio do *contraditório*, amplamente aberto às partes ou categorias litigantes. Observe-se que as cláusulas objeto do pedido devem ser fundamentadas na ação originária ou no recurso de acordo com o Precedente Normativo 37 do C. TST[48].

Ponto também objeto de constante impugnação, o TST tem traçado os limites de razoabilidade e as linhas básicas de extensão que se pode atribuir à exigência de fundamentação como garantia do contraditório no dissídio coletivo por sua natureza:

RECURSO ORDINÁRIO. AÇÃO COLETIVA. EXTINÇÃO DO PROCESSO SEM JULGAMENTO DO MÉRITO. CLÁUSULAS SALARIAIS SEM FUNDAMENTAÇÃO. Decisão regional em que se decretou a extinção do processo sem julgamento do mérito, em razão da ausência de fundamentação das cláusulas de natureza salarial. Cláusulas relativas a reajuste e piso normativo têm fundamentação contida em si mesmas. Recurso ordinário a que se dá parcial provimento. TST-RODC-25/2004-000-18-00.7 — SDC — Rel. Min. *Gelson de Azevedo*[49].

[...] AUSÊNCIA DE FUNDAMENTAÇÃO. O Suscitante apresentou fundamentos para cada uma das reivindicações da inicial. Os elementos aduzidos possibilitaram o exercício da defesa e a decisão do Regional. Não se verifica a alegada ausência de fundamentação. A questão da suficiência ou do cabimento do fundamento apresentado em relação a cada tema específico deve ser apreciada quanto ao mérito da cláusula impugnada. TST-RODC-20.186/2000-000-05-00.4 — SDC — Rel. Min. *Carlos Alberto Reis de Paula*[50].

O conceito de lide, aqui, desnuda-se em sua pureza social, em que a controvérsia se arma em torno de interesses opostos, que se buscam um ao outro, sobrepujar só pela força impositiva dos fatos em contradição. Não se trata bem de *modo de ser do conflito,* como diz *Carnelutti,* ao definir a *litis*[51]. A natureza da relação material, o

---

(48) "Nos processos de dissídio coletivo, só serão julgadas as cláusulas fundamentadas na representação em caso de ação originária, ou recurso".
(49) www.tst.gov.br, acesso em 30.01.06.
(50) www.tst.gov.br, acesso em 30.01.06.
(51) CARNELUTTI, 1955, p. 36-7, n. 8. Lide dá-a *Liebman* como a relação jurídica material em controvérsia: GUIMARÃES, Luis Machado. Carência da ação. *In* SANTOS, 1947, v. 7, p. 251, n. 15. Cf. art. 468 do CPC, MIRANDA, 1974, v. 5, p. 122 *et seq.*, especialmente p. 151 *et seq.* e GUSMÃO, 1956, p. 11.

estado de ebulição em que ela se encontra no dissídio coletivo e o seu equacionamento, através da dedução de motivos[52] perante o órgão judicial, é que imprime à sentença normativa fundo eminentemente jurisdicional.

Adicionam-se a isso, como acima se viu, dois aspectos. De um lado, está a prerrogativa, a faculdade jurídica de as entidades sindicais postularem, perante o Poder Público, em processo de dissídio coletivo, que culminará, necessariamente, no acordo (o então Decreto-Lei n. 9.070/46, art. 6º). Pela EC 45/04, a postulação tornou-se possível *ex absurdo* concertadamente pelas partes em tese conflitantes. De outro lado, e com igual eficácia, afigura-se, na sentença normativa, a decretação de uma norma abstrata, geral, de vigência limitada à semelhança com as chamadas leis temporárias. Essa faculdade é assegurada aos grupos profissionais pela Constituição. O direito à provocação de ato normativo, ainda que declaratório negativo fosse, não se entende com a atividade legislativa do Estado.

Tal é a garantia, tal é o poder de afirmação jurídica das entidades sindicais, como instituições reconhecidas e tuteladas pela ordem jurídica, que o Estado lhes põe à disposição um de seus Poderes, até à edição da sentença, ainda que para declarar improcedente o dissídio.

Se a criação da norma, pela sentença coletiva, se deferiu aos grupos profissionais, como um direito de *ação*, impregnado na tutela jurídica constitucional, significa isto que a iniciativa, ainda pelas pressionadoras vias indiretas da greve, cabe exclusivamente aos próprios interessados na edição da norma (hoje, segundo a redação em vigor do § 2º do art. 114 da CR/88, *concordes* para a postulação como um estratagema imaginado como forma de impor a negociação coletiva às partes).

Ora, o que vem a ser essa iniciativa? Nada mais, nada menos do que um verdadeiro poder de atuação, através do qual se confere àquelas categorias o direito de dizer da oportunidade de se editar uma regra jurídica abstrata com eficácia *erga omnes,* ou de inovar-se a já existente, qual a lei. Se limitação há para esse direito, é excepcional e cercada de condições mínimas, como no caso de revisão da norma, que se dará um ano após a sua vigência "quando se tiverem modificado as circuns-

---

(52) GORPHE, 1952, p. 25.

tâncias que a ditaram, de modo que tais condições se hajam tornado injustas ou inaplicáveis" (CLT, art. 873).

Como um poder jurídico ou, no dizer da processualística italiana, como um bom exemplar dos direitos potestativos, a ação coletiva, nos dissídios para estabelecimento de novas normas, ou sua constituição ou interpretação, não pode definir-se como um meio de hetero-regramento na criação de condições jurídicas gerais de trabalho. É a afirmação que se insinua desde os umbrais do processo da ação coletiva, quando o ordenamento jurídico, acossado pelos sindicatos, principia a movimentar as portas da receptividade jurisdicional. Os conteúdos anteriores são meramente sociais e extrajurídicos, tais como manifestações dos associados do sindicato, ou dos componentes da categoria, de determinada atividade ou empresa (SDC, OJ 19); ou movimentos irruptivos até às bordas da greve. Até então, não se acionou, via de regra, o ordenamento jurídico, quer pelos órgãos administrativos quer pelos judiciais, para a elaboração da norma coletiva.

O conflito antecede, na verdade, à formação da sentença coletiva e está na raiz do círculo jurídico que irá formar a regra abstrata, editada pelo Tribunal. Ainda que fora do direito, o ordenamento erige-o em causa e condição para a propositura da ação coletiva — meio idôneo à construção da sentença normativa, uma incongruência a mais da redação dada pela EC 45/04 ao art. 114 da CR/88.

É indispensável, pois, se veja na sentença normativa uma confluência de fatores sociais, econômicos, profissionais e jurídicos da maior nitidez, a fim de que melhormente se isolem seus elementos peculiaríssimos, que a situarão no correto plano de validade e limite de suas normas, dentro do ordenamento jurídico.

A eficácia subjetivo-objetiva da sentença normativa está na razão direta do interesse grupal conflitante que a fez nascer.

Na realidade, há aí afirmação de fundo teleológico. Somente, porém, o princípio da finalidade poderia explicar, na construção da técnica jurídica, a inserção, como foi feita, da sentença normativa no ordenamento, resultante da junção e harmonia de fatores tão heterogêneos de construção do direito.

Sociologicamente resulta a norma coletiva da preservação da autonomia grupal, na disciplinação, através do direito, de situações comuns, cuja repercussão direta e intensa diz respeito àqueles supostos aproximativos que deram vida e unidade ao próprio grupo, rememorando a lição de *Mannheim*[53], a que, anteriormente, qualificamos como interesse de categoria.

No princípio finalístico está, pois, a melhor explicação para situar-se, formal e materialmente, a sentença normativa como conteúdo jurídico de edição de normas, gerais, impessoais, hierarquizadas em razão da natureza do interesse tutelado[54].

---

(53) "Não são os homens em geral que pensam, nem mesmo os indivíduos isolados, mas os homens dentro de certos grupos que elaboram um estilo peculiar de pensamento graças a uma série interminável de reações a certas situaçõs típicas, características de sua posição comum" — MANNHEIM, 1950, p. 3.
(54) Cf., para o exame da finalidade do direito: JOSSERAND, 1946, p. 9-11; JHERING, 1950, p.346 *et seq.*, especialmente, CAMPOS, 1932, p. 150-60; LESSA, 1916, p. 415 *et seq.* Di-lo, em outra obra, *Carlos Campos*: "Todo o reino das normas, do dever ser, é um domínio de projeção, de expressão e realização de interesses vitais dos homens [...] Esses sistemas são essencialmente políticos, isto é, teleológicos, em oposição aos sistemas científicos, que têm por objeto fatos integrais da experiência" — CAMPOS, 1943, p. 327-8.

A SENTENÇA NORMATIVA E O ORDENAMENTO JURÍDICO

A sentença normativa, pois, seu estudo, sua compreensão, sua natureza, sua projeção como dado criador de direito, o plano de sua eficácia, só podem ser compreendidos se a situarmos em determinado ordenamento jurídico. Há de assentar-se no círculo de atuação geral, em que se legitimam as demais regras de direito.

Importa, antes de tudo, se compreenda a sentença normativa como campo específico criador de juridicidade inerente ao Estado de Direito.

Ao reconhecer às categorias profissionais e econômicas conteúdos específicos de juridicidade, assegurou-lhes a ordem estatal, para além da eficácia branda, privatística, individuada, de procedência obrigacional meramente societária, um rico poder de expansão de normatividade, que, entendendo-se com os demais processos de edição e garantia das regras de direito, lograsse ordenar, dentro dos princípios da justiça social, como já se preconizava na Constituição de 1946, no art. 145 e no art. 157 da Constituição de 1967 e se manteve no art. 114, § 3º da CR/88, para as relações de trabalho entre empregado e empregador, do ângulo da categoria.

Criada a juridicidade em função da categoria profissional[1], em função de classes, tendo por estrutura e fenômeno social básico a relação do trabalho, por força de que se haveriam de formar, como realmente se formaram, maneiras distintas, grupais, de se legitimarem as fontes de eficácia correspondentes. Assim, entende-se que se haveriam de criar meios, os mais idôneos e capazes, de o ordenamento jurídico acompanhar os círculos evolutivos específicos de cada categoria, garantindo a normatividade por ela reclamada, em face dos conflitos, dos desnivelamentos socioeconômicos agitados no fundo da relação de emprego em sede de eficácia garantida.

São tais atos, de origem e eficácia grupal, que teve o ordenamento jurídico em vista, com todos os recursos da técnica, estabelecer, em

---

(1) DE LITALA, 1949, p. 72.

função das categorias de trabalho em ebulição, soluções apaziguadoras das dissensões correntes entre capital e trabalho. Não discrepa do preceito a regra tópica da OJ 08 da SDC do C. TST[2] que só confere legitimidade à postulação de dissídio se a categoria torna expressa a sua vontade com o registro obrigatório da pauta de reivindicações.

A harmonização dos interesses, os processos de se equacionarem as respectivas divergências, garantindo-se, pois, ao mesmo tempo, a tais normações, a necessária eficácia, conduziu o ordenamento à criação de instrumentos estatais condizentes com os fins que impusesse cada situação[3].

Pelas Súmulas, pelos precedentes normativos e pelas OJ's — editadas respectivamente pelo TST e pela sua SDC —, operou-se o esquadrinhamento dos *atos-fatos-condições* de trabalho, que irão compor, além de alguma cláusula não prevista, as decisões proferidas nos dissídios coletivos. São *normas-condições* como pautas de solução para o desate das pretensões de ambas as partes.

Alice Monteiro de Barros, após descrever os tópicos fundamentalmente abrigados nos precedentes normativos, chama a atenção para um aspecto que tomou dimensão constitucional após a edição da EC 45/04:

> Evidentemente que após a nova redação ao art. 114 da Constituição, com introdução do § 2º, esse raciocínio do STF não poderá prevalecer, porque as vantagens outora previstas nos citados Precedentes Normativos (PN) traduzirem conquistas previstas em convenção anteriores, como condições mais favoráveis de que a lei, a Justiça do Trabalho, no exercício do seu poder normativo, deverá respeitá-las, introduzindo-as entre as cláusulas da sentença normativa[4].

Assim, mesmo que considerada a hipótese limítrofe de existência de cláusula negociada anterior que discipline especificamente uma determinda matéria, não há como deixar de analisar a variedade e a

---

(2) "DISSÍDIO COLETIVO. PAUTA REIVINDICATÓRIA NÃO REGISTRADA EM ATA. CAUSA DE EXTINÇÃO. A ata da assembléia de trabalhadores que legitima a atuação da entidade sindical respectiva em favor de seus interesses deve registrar, obrigatoriamente, a pauta reivindicatória, produto da vontade expressa da categoria."
(3) JAEGER, 1936, p. 12 *et seq.*, D'AGOSTINO, 1938, p. 111 *et seq.*
(4) BARROS, 2006, p. 1225.

minudência dos preceitos que constam como precedentes normativos dos tribunais regionais e, especialmente, do TST.

Poder-se-ia considerar uma divisão específica que toma determinados argumentos-padrão. Um deles é a de que se trata de *matéria típica de convenção coletiva*. A título de exemplo cite-se o Precedente Normativo 35 do TRT da 3ª Região concernente a assistência médica a aposentados:

"Indefere-se a pretensão. Acarreta ônus demasiado ao empregador, somente podendo ser alcançada na via negocial. Além disso, ao aposentado não se aplicam instrumentos normativos."

Na mesma linha está o Precedente Normativo 46 do TRT também da 3ª Região relativo ao auxílio-educação:

"Indefere-se o pedido por implicar ônus excessivo para o empregador, sendo possível sua obtenção apenas pela via negocial".

Outro padrão é o que diz respeito ao esgotamento da disciplina legal no tópico. Na esfera regional, está o Precedente Normativo 78 do mesmo tribunal regional, por amostragem, pertinente a proibição de descontos de salário:

"Indefere-se. A lei disciplina bem a questão (Art. 462/CLT)."

Os Precedentes Normativos do TST cuidam mais detidamente de questões tópicas concernentes a itens incorporados normalmente nas pretensões deduzidas em dissídios coletivos.

Assim, por exemplo, tem-se o Precedente Normativo 60 do TST, que prevê a medida do latão de café[5], para o empregado rural, ou de número 90, que prevê o adicional noturno no percentual de 60%[6] ou, ainda, o de n. 110, que prevê o fornecimento gratuito de ferramentas ao empregado rural[7]. O arrolamento das hipóteses poderia seguir adiante mas não é esta a vocação deste estudo.

Cabe notar a especificidade da disciplina assentada nos precedentes normativos, o que configura o paradoxo entre a necessidade de se-

---

(5) "O latão de café terá capacidade de 60 litros e será padronizado de acordo com as normas do INPM".
(6) "O trabalho noturno sera pago com o adicional de 60% a incidir sobre o salário da hora normal".
(7) "Serão fornecidas gratuitamente, pelo empregador, as ferramentas necessárias à execução do trabalho".

gurança e a inviabilidade da decisão eqüitativa e que consigne a ampla avaliação de circunstâncias[8].

A finalidade do processo coletivo é, obviamente, a sentença normativa. A causa, o conflito de interesses profissionais[9]. Subjetivamente, compreende limite restrito de incidência.

Qualifica-a a doutrina italiana como um *comando abstrato*[10], que se revela, em seu conteúdo, um feixe de normas, regulando situações impessoais. Logicamente, integra-se a sentença normativa de hipóteses e da respectiva estatuição. A mesma composição silogística das normas legais, em geral[11], contornada, entretanto, caso a caso pelo iter da concreção.

No concernente à eficácia, ou fica na *declaratividade,* ou *interpretatividade,* que se verifica nos dissídios coletivos de natureza *jurídica;* ou vai à *constitutividade,* isto é, impregnando de juridicidade fatos ainda não juridicizados, pela formação de relações jurídicas novas, ou modificando outras já existentes. Não diferem, estas, das sentenças *dispositivas*[12].

Pela moderna classificação dos atos jurídicos, levada a efeito por *Duguit,* desde que a sentença normativa "engendre uma situação jurídica geral, impessoal, objetiva"[13], pode ela enfileirar-se entre os *atos-regra,* com a colaboração, em sua formação, das categorias sobre que venha a aplicar-se e do Estado.

A participação dos interessados, que torna mista a natureza do regramento coletivo, verifica-se pelas vias da representação sindical, em que o órgão se investe dos respectivos poderes para com as categorias (CLT, art. 513). Mas essa delegação, que cria um núcleo de representação abstratamente convertido e personalizado no sindicato, implica, por sua vez, na pessoa do órgão representante, a desindividualização, a despersonalização dos interesses. Desde o primeiro instante, em que a

---

(8) Sobre o paradoxo no que concerne ao regime geral do precedente no sistema brasileiro, cf. LOPES, 2002.
(9) JAEGER, 1936, p. 61; DEVEALI, 1952, p. 184-5.
(10) JAEGER, 1936, p. 21.
(11) Cf. DABIN, 1955, p. 66 *et seq.*
(12) Não nos parece necessária a distinção de *Pires Chaves,* entre as sentenças *dispositivas e constitutivas* (CHAVES, 1956, p.310). No *constituir* implícita vem a *disposição.* Cf., neste sentido, DE LITALA, 1949, p.199; MIRANDA, 1958, t. I, p. 89; CARNELUTTI, 1936, p. 125.
(13) GOMES, 1957, p. 274. Cf. ainda, com muita explicitude, SUSSEKIND, MARANHÃO, VIANA, 1957, v. I, 174.

assembléia sindical aprova a eclosão do conflito e a instauração do dissídio (CLT, art. 524), desaparece a coincidência subjetiva entre aqueles que outorgaram o mandato especial e aqueles que, sindicalizados (minorias vencidas, ausentes) ou não, se titularizarão beneficiários ou destinatários da norma coletiva ali nascida.

Quando age o sindicato em nome do associado, investe-se da qualidade de mandatário comum, cujos poderes lhe são conferidos por força de lei (art. 513, letra *a*, segunda parte). Não modifica a relação jurídica do sindicato a alteração levada a efeito no art. 8º, inciso III da CR/88 e no parágrafo único do art. 872, da CLT, que lhe autoriza a postulação de "cumprimento de decisões" normativas, independentemente de "outorga de poderes de seus associados". O que não se dispensa é a qualificação do empregado (CLT, art. 841), posto que aqui o sindicato aciona a empresa, visando à elaboração de um *comando jurídico personalizado*, baseado em uma relação jurídica individuada intersubjetiva, em que se pede a aplicação de direito objetivo que incidiu (a norma coletiva). A previsão legal da substituição processual legitima e clarifica a relação *sindicato x trabalhador substituído* pelo disposto na Lei n. 8.073, de 30.07.90 e pela liberdade de assimilação que decorre do cancelamento da Súmula 310 do C. TST.

Nos dissídios coletivos, a eficácia abstrata da sentença normativa, a sua generalidade já se vislumbram antes, desde a definição da representação sindical, para provocá-la, o que se dá no interesse da categoria.

Ainda na fase de constituição de poderes específicos ao órgão sindical, para suscitar controvérsia coletiva, depara-se o desencontro subjetivo entre o resultado do comando conferido à entidade e a qualificação ou o número daqueles que votaram, em assembléia.

Não atingido o *quorum* de "metade mais um dos associados quites" (CLT, art. 524, letra *e*), que valida a assembléia deliberativa, em primeira convocação, "reunir-se-á a assembléia em segunda convocação com os presentes, considerando-se aprovadas as deliberações que obtiverem 2/3 (dois terços) dos votos", registrada a pauta reivindicatória produto da vontade expressa da categoria nos termos da OJ 08 da SDC do C. TST. O comando jurídico outorgante levado a efeito pelos presentes legitima-se, ainda, em face dos demais associados, dos ausentes, e a minoria vencida, projetando-se por toda a categoria (CLT, art. 859). Nota-se o princípio de prevalência do resultado, que é autônomo e abstrato, a que devem subordinar-se os demais membros da entidade. Depois de aprovada, pela maioria, a proposição desprende-se da vontade individuada de cada membro da assembléia, os que a ditaram, e passa a compor a vontade geral da categoria, unificada e idealmente personalizada na representação sindical. A técnica é originariamente de direito público, do plebiscito, das organizações políticas, nas resoluções dos colégios eleitorais, nas assembléias legislativas, para a formação de atos jurídicos com a eficácia generalizada, permanente, impessoal[14].

Dela se apropriaram, no direito privado, que se semipubliciza, as sociedades mercantis, como meio de assegurar-se a continuidade e a homogeneidade de fins[15].

Observa-se, com isso, que a formação do ato da sentença normativa, desde o nascedouro, nos procedimentos extrajudiciais, já ganha feição de comando abstrato, na delegação de vontades, para uma vontade geral, que se supõe a vontade do grupo todo, ainda que alguns titulares do posterior direito subjetivo que dela resulte não tenham efetivamente contribuído com sua vontade para formá-la ou até expressamente se hajam manifestado contra ela[16].

À medida que se adensa o conflito, frustradas as gestões intersindicais, passa-se à esfera da intervenção do Estado, seja pelos órgãos administrativos, do Ministério do Trabalho, seja pelas vias definidas do processo judicial. Nessa fase, confere-se às partes litigantes curso, instrumento, através do juiz, para que se concilien ou, em livre contraditório, se impugnem ou colham as provas que entendam bastantes a veicular e assegurar as respectivas pretensões[17].

De uma forma ou de outra, a lei confere aos interessados liberdade ampla no uso da autonomia grupal para compor o regramento coletivo. Mas a sua força de abstratividade, generalidade, impessoalidade, esta se encontra na base dos menores atos praticados pelas entidades dissi-

---

(14) Cf., sob o prisma histórico, interessante acórdão do TST que julgou o sindicato carecedor da ação coletiva, em dissídio instaurado contra o voto da maioria dos empregados da empresa: Proc. 14-57, Min. *Oliveira Lima*, D. J. 19-7-57.
(15) Cf. VALVERDE, 1953, v. 2, p. 109, PEIXOTO, 1958, v. I, p. 150, n. 174 e 159, v. 1, n. 181-C.
(16) *Passarelli* vê, aí, um interesse público, assim explicado: "Subentra el diritto publico, perchè si ritiene che l'eliminazione della concorrenza non solo nell'ambito delle singole associacioni, mas nell'ambito di tutta la categoria professionale risponda alla soddisfazione de un interesse della collettività generale" (SANTORO-PASSARELLI, 1952, p. 38).
(17) JAEGER, 1936, p. 104.

dentes, que o fazem em nome da categoria ou profissional ou econômica. Ainda na hipótese do art. 868, da CLT, o princípio da generalidade revela-se adstrito à contraposição na especificidade das categorias (CLT, art. 511, § 3º), desde que só podem suscitar dissídios coletivos as entidades de classe (art. 856), e especialmente o Ministério Público do Trabalho (CLT, art. 856 e, posteriormente, o art. 114, § 3º da CR/88) ou as pessoas nelas expressas, o que exclui a *legitimatio ad processum* de grupos de empregados inorganizados, pois não cabe a tais pessoas representarem os interesses gerais da categoria.

Ainda em apanhado histórico, o Tribunal Superior do Trabalho, reformando acórdão regional, entendeu cabível dissídio coletivo para a defesa de interesse "restrito a grupo de trabalhadores de determinada categoria"[18]. A *restrição,* aí, não desfigura a *generalidade,* que caracteriza a sentença normativa. Se, na realidade, a *abstratividade* se desfigura, já que, como salientou o acórdão regional, o dissídio envolveu apenas "interessados específicos e não a categoria profissional". O fato é que, a outra face da *generalidade,* que é a *permanência* da norma, levando-se, impessoalizadamente, para o futuro, sustém-lhe a fisionomia de lei de grupo, alcançando todos os empregados que venham a integrar aquele corpo restrito objeto da sentença normativa, dentro, outrossim, de previsão expressa ou implícita da norma editada pelo Tribunal.

A representação para a propositura do dissírio coletivo há de circunscrever-se às categorias interessadas, o que se dá por meio de assembléias, que podem abarcar empregados de vários municípios, como recentemente decidiu o TST:

[...] 3 — PRELIMINAR DE IRREGULARIDADES NA REALIZAÇÃO DA ASSEMBLÉIA. EXIGÊNCIA DE MÚLTIPLAS ASSEMBLÉIAS. A exigência de múltiplas assembléias para instauração de dissídio coletivo por sindicato cuja base territorial alcance mais de um município deve ser examinada à luz do disposto no art. 859 da CLT, pelo qual a representação dos sindicatos para instauração da instância fica subordinada a realização de assembléia. Dele se extrai a desnecessidade de que se realizem tantas assembléias quantos forem os municípios integrantes da base territorial do suscitante, sendo suficiente se realize uma única assembléia com o quorum ali preconizado, precedida de ampla divulgação da sua realização para que dela possam participar todos os interessados integrantes

---

(18) Proc. 4.903-55, Rel. Min. *Astolfo Serra,* D.J., 23.12.1955.

da categoria profissional. Aqui vem a calhar o velho brocardo de hermenêutica jurídica, segundo o qual onde a lei não distingue é vedado que o faça o intérprete. II — Não se sustenta a alegação de não ter sido demonstrado que todos os presentes à assembléia fossem empregados da Perdigão Agroindustrial S.A., uma vez que tal não era necessário, pois a reunião do conselho de representantes da suscitante teve por objetivo deliberar exatamente sobre as condições de trabalho em benefício dos empregados carentes de representação específica. Preliminar rejeitada. PROC. N. TST-RODC-7041/2002-000-04-00.5 — SDC — Rel. Min. *Barros Levenhagen*[19].

Historicamente, deve-se o aparecimento do dissídio coletivo à constitutividade jurídica de situações meramente econômicas, à criação do direito objetivo. Aí está a sua origem e a sua correlação com as leis formais-materiais. Essa normatividade, em que se cognomina e que nela se vincula, é exatamente a irradiação de poderes abstratos, que se vão subjetivizar naquelas pessoas descritas na sua parte hipotética. A juridicidade é a mesma da lei: a garantia da eficácia individuada, desde que determinada pessoa entre no seu círculo hipotético de incidência.

De início e para tanto, cabe observar que a redação do § 2º do art. 114 da CR/88, com a EC 45/04, resulta em uma aberração de natureza material e processual, em uma escamoteação de formas híbridas em que, basicamente, os interesses das categorias conflitantes, no momento de se caracterizar o dissídio, transmudam-se em um concerto procedimental, figura fantástica de um ornitorrinco, de uma sereia (mulher e peixe), encobrimento de uma realidade agudamente litigiosa, como se se admitisse a possibilidade de um pacto comum de postura judicial em interesses contrapostos.

Malograda a autocomposição, portanto, mesmo no curso da lide, chegar-se-á à edição da norma pela sentença normativa.

Ambas, porém, sentença normativa e lei, são criações do mundo jurídico. Abrem raios de ação sobre um princípio expectativo: todos que lhes reúnam as condições de objetividade jurídica dispõem de seus efeitos ou os sofrem. Criam, com o direito objetivo, situações ativas e passivas de juridicidade. Daí inexistir nas sentenças normativas efeito condenatório. A condenação advém da atuação da norma existente, que se inobservou, em um caso concreto.

---

(19) www.tst.gov.br, acesso em 31.01.06.

A sentença normativa cria o direito subjetivo, a pretensão e a ação[20], inclusive o direito expectativo. Sua clausulação, suas condicionantes — que são hipóteses legais — guardam estreita e irrepreensível correlação com as de outra norma abstrata qualquer.

Encontra-se o direito positivo do trabalho em perfeita harmonia com tal construção. E tanto assim é que o empregado, ao entrar em vigor a sentença normativa, vai pedir a prestação nela contida pelos canais do dissídio individual. Nesse novo processo, o juiz examina a validade formal da lei do grupo (sendo-lhe vedado, porém, "questionar sobre a matéria de fato e de direito já apreciada na decisão", art. 872, citado, parágrafo único), salvo contrariedade formal à Constituição, como deflui do art. 896, letra *c* da CLT, assim como sua validade material, em face do ordenamento positivo, dada a hierarquia das fontes (CLT, art. 444). Interpretam-se-lhes as cláusulas, seu grau de incidência e irradiação. E, finalmente, se o autor reúne as condições de fato suficientes à sua propositura e à sua aplicação.

Ao juiz não se exige que conheça *ex officio* teor de normas editadas em forma de sentença coletiva (CPC, arts. 283 e 284, parágrafo único). A falta de certidão, como documento essencial, acarreta a extinção do processo se não suprida oportunamente (CPC, art. 284, parágrafo único). Vê-se que a sentença normativa, na escala hierárquica formal, como título paralegislativo, equipara-se a direito estrito ou singular, a teor da lei processual comum.

Sob o ponto de vista hierárquico, que vivamente interessa no desiderato de precisar a força expansiva das sentenças normativas no ordenamento jurídico, importa se reconheça tenha ela por finalidade a disciplinação, dentro do direito do trabalho, de situações jurídicas específicas, abrangendo determinadas ordens internas das relações de trabalho. Na construção doutrinária de *Bielsa*, pode-se dizer que constituem as sentenças normativas *direito singular*, no direito do trabalho[21], ou

---

(20) Cf. MIRANDA, 1953, t. 1, p.105 *et seq.;* D'AGOSTINO, 1938, p. 114.
(21) "Às vezes motivos de justiça e de eqüidade (ainda a eqüidade sirva para tudo...), diante de uma situação não prevista na lei ou em seus princípios gerais, isto é, que ficaram *fora da órbita dos princípios e requer* solução jurídica, obrigam o legislador a ditar uma disposição particular à margem dos princípios que o legislador deve manter em sua *unidade, coerência e harmonia* dentro do sistema geral, sob pena de destruir o ordenamento jurídico — A veces motivos de justicia y de equidad (aunque la equidad sirve para todo...), ante una situación no prevista en la ley o sus principios generales, es decir, que han quedado *fuera de la órbita de los principios y requiere* solución juridica, obligan al legislador a dictar una disposición particular al margen de los principios que el legislador debe mantener en su *unidad coherencia y armonía* dentro del sistema general, sob pena de destruir el ordenamiento juridico" — BIELSA, 1952, p. 34.

verdadeiras leis regionais, em seu âmbito de generalidade, com sabor de *localidade,* como já a *Jhering* foi dado observar no direito romano[22].

Aqui, já se desvendam determinadas linhas caracterizadoras da posição hierárquica da sentença normativa, em nosso ordenamento jurídico, escopo fundamental deste trabalho.

Quanto à finalidade, distinguem-se os dissídios coletivos em jurídicos e econômicos. Nos primeiros, interpreta o Tribunal uma norma existente[23] e, nos segundos, cria-se um elo jurídico antes inexistente, sobre fato econômico ou relacional do trabalho[24]. A textual referência do art. 114, § 2º da CR/88 (mesmo com a EC 45/04), a "dissídio coletivo de natureza econômica" não encobre, nem desnatura a controvérsia jurídica em nível de intrepretação de uma norma coletiva. A operação de indagação e de aplicação que lhe é ínsita, em sua estrutura formal e em seu conteúdo material, torna-se inafastável. Admitir-se-ia o dissídio coletivo jurídico tão-só em reverência à economia e à uniformidade na aplicação de uma norma já existente a todos os membros da categoria, o que obvia uma multiplicidade de dissídios com o mesmo objetivo, munida de generalidade ora também alcançada pela substituição processual à força do preceito constitucional e da alteração do entendimento costumeiro nos tribunais. O mesmo se dá, ainda, com as situações difusas e homogêneas previstas no juízo da ação civil pública.

Cabe aqui uma rápida e pontual digressão. A posição geral da doutrina e da jurisprudência enaltece os intrumentos processuais que possibilitam a solução homogênia e abrangente, desindividualizada como se anunciou nas primeiras linhas deste estudo. *Gregório Assagra de Almeida,* em trabalho minucioso, cuida do que chama *direito processual coletivo brasileiro* e acrescenta à sua obra o subtítulo *"um novo ramo do direito processual"*[25]. Há ali um espaço reservado para o dissídio coletivo[26]. O paradoxo, porém, está na constatação de que, enquanto as

---

(22) *Apud* BIELSA, 1952 p. 34, nota 2 e, especificamente, JHERING, 1886-1888.
(23) CHAVES, 1956, p. 312; DEVEALI, 1952, p. 179; *Trueba Urbina, apud* PORRAS LOPES, [19—], p. 323. Embora tais dissídios venham perdendo cidadania, prescindindo a sua veiculação dos pressupostos dos dissídios econômicos, como prevê a OJ 06 da SDC do C. TST, mas com a restrição da OJ 07 do C. TST sob o casuísmo do art. 313, inciso II do Regimento Interno também do TST.
(24) Cf. VIANNA, 1938, p.103; DEVEALI, 1952, p. 184 *et seq.*; TRUEBA URBINA, 1944, v.II, p. 87 *et seq.* e v.III, p.115 *et seq.;* CHAVES, 1956, p. 309 *et seq.*
(25) ALMEIDA, 2003.
(26) ALMEIDA, 2003, p. 310-12 e 440-49.

outras ações (ação popular, ação civil pública etc.) se apresentam como um exemplo de evolução das possibilidades de tutela, o dissídio coletivo é visto pelos sindicatos como uma intervenção espúria do Estado na atividade sindical e, principalmente, no campo da negociação. Esta circunstância, que decorre da evolução do instituto na prática jurisdicional brasileira, passa desapercebida ao autor.

Na linha da idéia-matriz de homogeneidade, porém, concentrada, na Justiça do Trabalho, a atribuição de "conciliar e julgar os dissídios individuais e coletivos entre empregados e empregadores" (CR/88, art. 114), inclusive aqueles relativos a acidente do trabalho, conforme entendimento majoritário, hoje pacífico, do STF, não se estranha que haja doutrina e jurisprudência, conciliando uma das operações características nas decisões comuns (a interpretatividade) com a eficácia peculiar às sentenças normativas de natureza econômica (impessoalidade), elaborando-se essa figura absolutamente singular e com inassimilável vertente, que são os dissídios coletivos de natureza jurídica.

A guardar fidelidade, porém, com os fundamentos constitucionais do poder normativo da Justiça do Trabalho, não se atina com quaisquer antecedentes positivos ou lógicos que expliquem tais dissídios, mormente sob a textualidade da EC 45/04 com a redação dada ao art. 114, § 2º. Justificam-se, parece, apenas, teleologicamente.

Na verdade, dissídios coletivos, que se finalizam na sentença normativa, como regra substancialmente criadora de situações jurídicas abstratas, mas para a categoria, existem, mas somente os de natureza econômica[27]. Aqui, preserva-se sua função jurídico-social: a criação do direito objetivo. Ora, se criada a norma, se existente a fonte jurídica, a sua aplicação, assim como a sua interpretação (que são processos inseparáveis da realização do direito, mas, aqui, nos dissídios de natureza jurídica, irremissivelmente distintos, já que, em face das diversidades competenciais originárias, entre os Tribunais Regionais ou Superior e Varas do Trabalho, há *interpretação* em *norma* coletiva, por aqueles e *aplicação* de norma já *interpretada,* pelas Varas. Nas ações de cumprimento (CLT, parágrafo único, art. 872) compete, na verdade, aos órgãos que julgam dissídios individuais, simples ou plúrimos, através de sentenças comuns (CLT, art. 652, letras *a* e *b*)[28] e, acrescente-se, em função

---

(27) JAEGER, 1936, p .47, 53, 57.
(28) O equívoco de *D'Agostino* reside em restringir o conceito objetivo à lei formal (D'AGOSTINO, 1938, p. 114).

caracteristicamente *jurisdicional,* como se verá adiante, avaliar-lhes o sentido, interpretá-las.

Nos dissídios individuais, versando cumprimento da sentença normativa *interpretativa,* o juiz exerce atividade tipicamente jurisdicional. Aqui, sua submissão restringe-se exclusivamente ao ordenamento e à lei, em sentido geral.

Ora, quando exerce atividade jurisdicional, o juiz goza de amplos poderes de hermenêutica: *interpreta e aplica,* soberanamente, o dispositivo objeto da controvérsia. Não se entende, à vista disso, o manietamento do juiz da primeira instância, nos dissídios individuais, ao receber norma já *interpretada* em dissídio coletivo de natureza jurídica. Haverá, na verdade, supressão de uma faculdade que a lei lhe confere. Absorveu-se o órgão jurisdicional imediatamente superior, sem legalmente possuir tal faculdade.

Pode-se falar, na hipótese, em verdadeira execução, onde um dos elementos de inteligência formadores da sentença individual — na fase cognoscitiva —, a *interpretação* de cláusula de sentença normativa, ou de lei ou de contrato coletivo, fora levado a cabo pelo Tribunal Regional ou Superior, em detrimento da soberania do juiz de primeiro grau, na prática de um ato que a lei direta e amplamente lhe concede, como, aliás, já vem resguardado no parágrafo único, *in fine,* do art. 872 da CLT.

Ao assegurar a competência extraordinária da Justiça do Trabalho para editar regras gerais, permanentes e abstratas, em suas sentenças normativas, a Constituição continha um dispositivo que, pela sua natureza e finalidade, não comportava outra construção exegética que a estrita[29], falava em "decisões que, nos dissídios coletivos, poderão *estabelecer,* que seria o de criar normas e condições de trabalho". Poder-se-ia acolher campo extensivo na fixação jurídica do termo *estabelecer,* que seria o de criar norma sobre fato e norma sobre norma (interpretar) não fora a limitação imposta pela competência jurisdicional originária dos juízes da primeira instância, nos dissídios individuais, para a prática da última atividade.

---

(29) MAXIMILIANO, 1951, p. 367 *et seq.*; D'AGOSTINO, 1938, p. 1167, onde fala que a lei "constituindo a magistratura do trabalho, delimitou com exatidão a atribuição deste novo órgão: disciplinar as relações coletivas de trabalho — constituendo la magistratura del lavoro, ha delimitado con esatezza le attribuzioni di questo nuovo organo: disciplinare i repporti colletivi di lavoro". Como antecedente, cf. CATHARINO, 1958, p. 14 *et seq.*

Quanto à natureza, quanto ao objeto das operações de *construction*, não se podem distinguir dissídio coletivo jurídico e dissídio individual. À trituradíssima doutrina italiana isto não passou despercebido[30]. Apenas a natureza da *eficácia* é que os dá ora como individuais, ora como coletivos. Nas sentenças normativas, de conteúdo jurídico, a eficácia interpretativa se dá *erga omnes*, abstratamente, para a categoria[31]; nos individuais é válida e só assegurada para as partes que formaram a relação processual concreta[32], resguardando-se sempre os efeitos reflexos da sentença, o que não significa aplicação direta e imediata *erga omnes*, como se verá mais adiante.

Pode-se conceber a evolução jurídica para os dissídios coletivos de fundo interpretativo, como uma apropriação da política jurídica, que, com a generalização firmada na sentença normativa, além de compor uma lide entre categorias profissionais e econômicas, prevalece-se da interpretatividade com eficácia grupal, abstrata, passando a exercer, junto àquelas categorias, com a imediata incidência, o reconhecimento de obrigação geral, antes peculiar, à lei, evitando-se a quebra do princípio unitário da vontade da norma coletiva.

O acatamento impositivo da lei não significa, por si, o seu cumprimento. A resistência é perfeitamente admissível, o que gerará a pretensão, na órbita individual, à efetividade da norma, da qual se pedirá aplicação, como abstratamente interpretada, no dissídio coletivo.

Essa imposição, que traz consigo a eficácia geral, abstrata, permanente, da sentença normativa interpretativa, se resistida pelos componentes da categoria obrigada, fará retornar os interessados à instância individual, onde e quando, somente, se poderá assegurar, concretamente, aquela eficácia.

As sentenças normativas desconhecem o efeito executório comum, como também o condenatório, salvo custas e sanções por abuso no exercício da demanda (art. 872, que arma a sanção)[33]. Comando abstrato executa-se como comando abstrato: incidência de lei a que os membros do grupo atingido podem ou devem dar aplicação. Caso contrário, há impropriedade técnica ao afirmar execução, na ação individual.

---

(30) D'AGOSTINO, 1938, p. 182. a 183, procura estabelecer contatos entre os dissídios coletivos jurídicos e os econômicos. Cf. JAEGER, 1936, p. 40.
(31) JAEGER, 1936, p. 63 e 52.
(32) COSTA, 1959, v. 3, p. 441 *et seq.*
(33) JAEGER, 1936, p. 23.

A lei taxa-a de "ação de cumprimento" (CLT, art. 872, parágrafo único), a que dá sentido aprimorada doutrina[34].

Na realidade, há ação, apenas. Da pretensão à ação e desta ao remédio processual (CLT, art. 783 e segs.).

A sentença normativa, se fonte abstrato-concreta de direito, desde que proferida, publicado o acórdão, transitado em julgado (art. 872, CLT) ou meramente impugnável por recurso com efeito apenas devolutivo (antes sob previsão do Decreto-Lei n. 9.070/46, art. 12 e hoje parágrafo único do art. 872 da CLT)[35], despega-se da armadura instrumental que a elaborou, e como ato-regra qualquer passa a ter vida autônoma, irradiando efeitos derivados só de seu contexto, qual a ogiva de um foguete cósmico, que se desprende dos estágios que a levaram à órbita, onde passa a emitir sinais jurígenos gerais e abstratos permanentes, para os círculos de receptatividade individual sobre que incide.

O intérprete capta seus efeitos dentro do âmbito da generalidade restrita para que foi constituída. Se é lei, da vontade do órgão prolator passa-se à vontade da norma, que se interpretará consoante as finalidades sociais de afirmação do grupo destinatário. Aí o significado da síntese em que, admiravelmente, a conceituou *Carnelutti*: corpo de sentença e alma de lei.

Os traços aproximativos entre sentença normativa e lei não turvam a visível diversificação que, intrínseca ou extrinsecamente, entre elas existe.

Quer materialmente, como fonte de direito, quer formalmente, como procedimento pelo qual se constitui, a sentença normativa subordina-se, no ordenamento jurídico, à lei. Isto foi visto no concernente ao primeiro caso.

Sob o aspecto formal, que implica fases processuais ou atos jurídicos adjetivos, não se discute a submissão legal. Estruturada, desde a Constituição à lei ordinária, aí o seu curso, os limites e as garantias formais decorrentes de sua legitimidade.

Já materialmente, a coisa parece mais delicada. Inserirá o Tribunal alguma cláusula, na sentença normativa? Pode a lei limitar-lhe essa fa-

---

(34) CHAVES, 1956, p. 359 *et seq*. Sobre o assunto, cf. a analogia e o precedente histórico superiormente alinhados por BATALHA, 1960, v. 2, p. 690, n. 293.
(35) Cf. PUECH, 1960, p. 403 *et seq*.

culdade? Onde cabe a vontade das partes? Como negócio jurídico, é-lhes possível exigir uma cláusula e, não sendo atentatória à ordem pública, passa a sua inclusão a submeter-se só ao critério do Tribunal, pautado, em princípio, pela corrente de pré-normas por ele mesmo estatuídas (súmulas, orientações jurisprudenciais, precedentes normativos). O foco de produção e os campos de eficácia de cada um destes preceitos são clara e sucessivamente expostos por *Mônica Sette Lopes*[36].

Ora, se a lei cria garantias mínimas ao empregado, nada impede, entre essas garantias, vede, nas relações negociais, inclusive contratos coletivos ou sentenças normativas, se insiram cláusulas atentatórias a essas garantias, representadas em leis em geral imperativas e/ou de ordem pública (CR/88, art. 114, § 2º, com a redação da EC 45/04).

Na verdade e *ultima ratio*, o desenlace do conteúdo das sentenças normativas não pertence aos Tribunais, mas às partes[37]. Havendo acordo, impera a autonomia amplamente equacionada por ambos os litigantes. Não havendo, dá-se a atividade substitutiva, de que trata a doutrina de *Chiovenda*[38]. Quem fixa o objeto da lide, os limites da controvérsia, são as partes[39]. O conteúdo material da sentença normativa, são as *normas* e *condições*, de que tratava a Constituição de 1946 (art. 123, § 2º) e que se pressupõe na Constituição vigente (art. 114, § 2º), se não proibidas ou impostas na lei, têm suas lindes demarcadas na inicial. As cláusulas são as pedidas e as impugnadas: ou se sai por uma ou por outra, ou se sai pela média, quando se penetra no juízo de eqüidade, tão lucidamente debuchado pelo art. 766 da CLT e subsidiariamente no art. 8º também da CLT[40].

É da maior importância observar que o sistema eclético brasileiro, se abriu todos os meios de se resolverem as controvérsias e conflitos coletivos de trabalho (contratos coletivos, sentenças normativas, admitindo-se, como fator de pressão antecipada a greve), procurou preservar ao máximo, ainda, a autonomia da vontade dos grupos interessados que se antepõem presuntivamente num plano de maior igualdade.

O fim principal do direito coletivo do trabalho é situar as partes do contrato de trabalho em um plano de igualdade ("Parität")[41].

---

(36) LOPES, 2002, p. 533-4.
(37) CHAVES, 1956, p. 373; JAEGER, 1936, p. 104; CABANELLAS, 1949, p. 378-9 e 382.
(38) JAEGER, 1936, p. 49; CHIOVENDA, 1943, v.2, p. 21.
(39) COSTA, 1956, p. 163.
(40) SIFUENTES, 2005, p. 130 *et seq.*
(41) Cf. PREIS, 2003, p. 2 *et seq.*, §76.

Ora, se, nos dissídios coletivos, antes do pronunciamento do Tribunal e pela sentença normativa, abre a lei às partes sucessivas oportunidades de conciliação obrigatoriamente proposta, é porque entendeu ser a autonomia, a afirmação da vontade grupal, o melhor meio de realizar-se a paz social, além da solução do conflito[42]. Tal faculdade nada tem a ver com a aberração processual trazida, excludentemente, o § 2º do art. 114 da CR/88, com a EC 45/04, aliás tangenciada, por exemplo, pelo TST no processo DC 150089/2005[43], ao afirmar que não poderia mais a suscitada discordar do dissídio, pois "até então, comportara-se como se concordasse com o mesmo". Trata-se de uma autêntica implicitude de concordância como se preliminar fosse.

Não resta a menor dúvida de que o interesse do grupo, da categoria, se encontra subordinado ao interesse maior da coletividade, como se viu acima e como diz a própria lei (CLT, art. 8º).

Aqui, começa-se a entender a incrustação da sentença normativa no ordenamento jurídico, debaixo de maior respeito ao princípio geral da construção sem rupturas ou desníveis da ordem jurídica em sua verdade e homogeneidade[44].

No ato negocial, o direito subjetivo cria-se individuado, dentro do círculo da vontade das partes (CC/2002, arts. 104, inciso I a III, 107, 185 e CLT, art. 444, em sua linha hierárquica).

A eficácia, aí, é aquela prevista e desejada pelos interessados. O art. 112, do CC/2002, dispõe: "Nas declarações vontade se atenderá mais à intenção nelas consubstanciadas que ao sentido literal da linguagem".

Quando se trata de relações de trabalho, a construção torna-se mais complexa. Há ato negocial, aqui, que implica não só a eficácia

---

(42) JAEGER, 1936, p. 16, n. 19 e 18, principalmente.
(43) "DISSÍDIO COLETIVO. ACORDO PARA SEU AJUIZAMENTO. MANUTENÇÃO DE CLÁUSULAS SOCIAIS ANTERIORMENTE AJUSTADAS EM NEGOCIAÇÃO COLETIVA. A) Na Delegacia Regional do Trabalho a Suscitada diz que retirava suas propostas para aguardar o Dissídio Coletivo. Ajuizado o Dissídio, em 26/1/2005, na audiência de conciliação foi dito pelo Ministro Instrutor que o processo se encontrava devidamente formalizado pela legislação atual e em seguida deu a palavra à Suscitada, que nada disse sobre a necessidade de acordo e foi iniciada uma negociação que, entretanto, não se concretizou. Mas, apresentando a sua resposta, a Suscitada disse que não concordava com o ajuizamento do Dissídio. Não poderia mais manifestar a sua oposição, pois, até então, comportara-se como se concordasse com o mesmo." TST-DC-150085/2005-000-00-00.3 — SDC — Rel. Min. *José Luciano de Castilho Pereira*. www.tst.gov.br, acesso em 30.01.06.
(44) Cf. ALLORIO, 1958, p. 10 *et seq.*

pretendida pelas partes ajustantes, assim como outros efeitos, impostos em lei, muitas vezes em sentido adverso ao pactuado. O ato negocial, no contrato de trabalho, pela sua singularidade, acarreta duas conseqüências jurídicas distintas: é o ato *gerador de obrigações,* na expressão de *Laubadére*[45], porque há obrigações contratuais trabalhistas, a que a ordem jurídica confere plena validade, e é ato *atributivo de uma situação legal ou estatutária*[46], ou, se diria, clausulada. Em virtude desta característica, *Duguit* denominou-os *atos-condição*[47]. Ressalte-se que, na relação de trabalho, como relação continuativa, ganham extraordinária ênfase as manifestações tácitas de vontade das partes decorrentes dos atos-fatos que se repetem indiscrepantemente[48].

Na técnica de *Pontes de Miranda*, o contrato individual de trabalho ou a relação de emprego constitui um dos elementos do suporte fático (aqui já fato jurídico), que completa o conteúdo de apoio hipotético, sobre que recairão os efeitos da sentença normativa. Por isso, diz-se que a sentença normativa cria o direito objetivo, que se vai individuar, posteriormente, em direitos subjetivos específicos, atendendo à peculiaridade de cada situação a que visa regular.

O efeito é o mesmo da lei. Mas a lei não se propõe à autonomia grupal, que a criação da sentença normativa procura revelar e resguardar. A lei antecede a vontade grupal específica, porque tem por finalidade equacionar conflito social, ainda limitado, mas tendo em mira, antes de tudo, o interesse da coletividade, amplamente coberto pelo ordenamento jurídico que especificamente o prevê e disciplina.

Se assim não fosse, não se entenderia o conteúdo de *generalidade,* que não foge à definição de lei como norma jurídica também *abstrata e permanente.*

Por outro lado, o ordenamento jurídico implica, necessariamente, formas de criar, realizar ou aplicar-se o direito. O Estado apresenta-se como um organismo de superestrutura, pelo qual se constituem e se dinamizam relações jurídicas, governadas por um princípio geral de teleologismo, que explica, no direito, o asseguramento de efeitos a toda regra, da mais individual à mais geral. Há que distinguir, por isso, o mundo dos fatos e o mundo do direito, se bem que para aquele se haja

---

(45) LAUBADÉRE, 1956, p. 7 e 8.
(46) LAUBADÉRE, 1956, p. 8, nota 1.
(47) DUGUIT, 1975, p.188-9. Cf. GOMES, 1957, p. 274.
(48) Cf. MENDONÇA, 1956, t. 1, p. 82.

elaborado este. Relações de vida, instintivas, necessárias, psicológicas, interativas, econômicas e, portanto, sociais tornam-se jurídicas, formando situações bastante nítidas e delineadas no direito, pelos mais diversos processos normativos de eficácia garantida.

No plano da validade das fontes de direito, como preservação ao menor arbítrio, as regras gerais preferem às individuais. Eis por que a jurisdição atua como forma suplementar ou secundária na realização do direito[49]. Aliás, suplementar, secundária e excepcional, o que se explica até historicamente.

A atividade jurisdicional pressupõe, em princípio, a existência da norma. Aplicando-a, o órgão estatal revela-a. Garante-lhe a vitalidade. Por isso, é de afirmação corrente na doutrina processual, principalmente alemã, incumbir à jurisdição, precipuamente, assegurar a efetividade do direito positivo. Atua ela, pois, como uma fase posterior na dinamicidade específica do direito.

Os interesses humanos, que se juridicizaram e se transformaram em interesses jurídicos, e, daí, em *direitos subjetivos*, tiveram, por exemplo, a sua satisfação impedida de realizar-se. Se os efeitos legitimados dos atos praticados em nome desses interesses são obstados, por vontade estranha ao arbítrio reconhecido a seu titular, e se com isso o comércio social não se desenvolve normalmente, dentro do campo aberto ou previsto na ordem jurídica, aparece um novo interesse, agora frente ao Estado — que é de direito constituído, que realiza a justiça —, e então o seu titular lhe pede, pelos órgãos judiciais, a efetividade da tutela material antes reconhecida e que, se violada, se prometeu assegurar com o direito de ação, que é subjetivo público. Mais uma vez se topa aqui com a aberração representada pela necessidade de consenso como pressuposto de propositura de ação fixado no § 2º do art. 114 da CR/88.

O juiz, na etapa subseqüente, então, é chamado a intervir na relação jurídica, porque jurídica já é, dada a eficácia assegurada na juridicização da relação material. Então examina ele se há condição para a ação, isto é, se ela se ampara em alguma fonte de direito, realmente aplicável; se existe, para ela, *possibilidade jurídica*[50]. Se a norma ou o preceito invocado realmente vige e se, a despeito de existente, se aplica de fato ao caso concreto. Trata-se da pertinência do pedido, que, em

---

(49) CARNELUTTI, 1959, p. 13 e, especialmente, SIFUENTES, 2005, p. 136 *et seq.*
(50) Cf. GUIMARÃES, Luis. Carência de Ação. *In:* SANTOS, 1947, v. 7, p. 249, n. 9.

face do ordenamento, abriga-se em um princípio que torne legítima a pretensão do autor.

A regra do art. 114 do Código de Processo Civil de 1939, que tinha fonte direta no art. 1º do Código Civil Suíço, o que sofreu inexplicável inovação restritiva no art. 122 do CPC de 1973[51], não colidia com o enunciado. Ao contrário, confirmava-o. É o que se verá adiante.

Admite-se que a lei seja lacunosa ou obscura. Para isso, invocam-se as regras de hermenêutica e as de integração do direito. Já o ordenamento deve estar prevenido para todas as hipóteses concretas possíveis. Se o juiz, ainda que pelas vias estreitas, do art. 127 do CPC, é chamado a julgar por eqüidade, estará apenas revelando que o ordenamento, por um de seus meios de integração, deixou de fazer ou remeteu a solução para outro e livre meio. O preceito ampara-se na escola da revelação social do direito, de que dão ricos sintomas de afirmação *Jean Cruet* e *Gaston Morin*[52]. Para isso, está a regra do art. 127 do CPC, como a do art. 8º da CLT, admitindo que não há relação jurídica para a qual se não possa invocar um preceito, ainda que venha ele a ser estabelecido pelo julgador, na função esporádica de legislador.

Não resta a menor dúvida que a *eqüidade* firma um precedente, que, dentro da estruturação sistemática vigente no Brasil contemporâneo, pode desaguar em uma súmula, em uma orientação jurisprudencial ou em um precedente normativo ou em um enunciado, e cuja expansão ou força executória não vão além das partes integrantes da relação jurídica processual. Há direito objetivo, mas este, dada a sua criação específica individuada, constituiu-se imediata e concomitantemente com o respectivo direito subjetivo. Juízos de eqüidade, histórica e logicamente, não se expandem, não ultrapassam os limites concretos de cada caso estritamente decidido. É de extrema valia e atualidade se consultem e se analisem as normas específicas pré-decididas pelo TST, dentro desse princípio, por meio de OJ's e Súmulas ou precedentes normativas, de que já se trouxeram vários exemplos práticos nas mais diversas hipóteses e, sobretudo, na construção da norma coletiva.

O processo é, pois, composto de normas em sua generalidade instrumentais se bem que interceptadas, às vezes, por normas que vão refletir e até interferir na relação jurídica material[53].

---

(51) Cf. em ampla, deduzida e aprofundada explanação, LOPES, 1993.
(52) "Nesta concepção, o direito inteiro é obra da sociedade, mais do que do legislador — Dans cette conception, le droit tout entier est l'oeuvre de la societé plus que du législateur", cf. BRETHE DE LA GRESSEYE, LABORDE LA COSTE, 1931, p. 205.
(53) Cf. a claríssima distinção em MIRANDA, 1953, t. 1, p. 83 *et seq.*, § 4º.

Por esse instrumento, o juiz procura tornar concreto um comando abstrato da lei ou de uma norma geral, no dizer da doutrina italiana. Na sentença normativa, dá-se o oposto: encaminham-se as partes, na instrumentalidade do processo, para a formação de uma norma abstrata[54].

Se sob o aspecto formal e subjetivo (características todas do processo judicial e do órgão composto de membros do Poder Judiciário), a sentença normativa se encaminha em estreita afinidade com a prolação das sentenças comuns, é porque em todos esses atos se haverá de guardar fiel e irremediável observação aos postulados da lei ordinária, sob princípios que igualmente as abrigam.

Se é instrumental a característica do processo, vê-se que a natureza da relação material a se dirimir afeiçoa-se ao veículo, o tipo da ação processual, a finalidade da norma instrumental (remédio), para lográ-lo. Trata-se de verdadeira construção adaptativa da técnica processual, onde se compreende a existência de ações dos mais diversos ritos: cominatórias, possessórias, ordinárias, executivas, mandamentais etc.; ou de variedade de intensidade na relação jurídica processual: princípios dispositivo (comum), inquisitório (penal) ou misto (do trabalho), em adequação com a política jurídica de mais perfeita realização do direito objetivo[55].

Advirta-se que a instrumentalidade do processo reside exatamente nisto: adaptar a forma processual à consecução mais fiel possível do fim objetivado na relação material, pela norma substantiva. A composição da lide é obedecida, como princípio de justiça, até pela natureza da controvérsia a dirimir-se. Há, aí, coincidência no fato de que, nessa adaptação, a magistratura do trabalho acaba de criar verdadeira norma, não como um poder peculiar à sua atribuição, porém, exclusivamente, em decorrência da natureza da controvérsia (conflitos coletivos), que lhe fora submetida à decisão.

Desde que incluídas no ordenamento jurídico, para criação e para legitimações gerais ou individuais, as relações de trabalho já ganharam precisa e uniforme sistematização na Constituição Federal de 1946. A começar pelo seu art. 145 e seu parágrafo único, cujos preceitos se irradiaram pelos arts. 157, 158, 159, e especialmente com a previsão de

---

(54) PORRAS LOPES, [1956], p.330-331. Cf., ainda, ROUBIER, 1951, p. 9-11.
(55) Explica-se, aí, a "justa composição de uma lide — giusta composizione di una lite", como função da jurisdição, no dizer de *Carnelutti*, em JAEGER, 1936, p. 49-50.

seu art. 123, § 2º. Estas normas seriam preenchidas pela lei ordinária (art. 5º, n. XV da Constituição de 1946) ou em convenções coletivas (art. 159 da Constituição de 1946) ou em dissídio coletivo (art. 123, § 2º da Constituição de 1946). Cabe se rememorem tais preceitos constitucionais não só pela sua transparência, assim como na condição de antecedentes diretos e quase não alterados nos ora vigorantes arts. 7º, inciso XXVI, 8º, incisos VI, 9º, 22, inciso I e 114, § 2º da CR/88, que, aliás, pela EC 45/04, veio a reconhecer e ao mesmo tempo a fazer tropeçar a via judicial dos dissídios coletivos. Isto só poderia ser exercitado pela estranha figura de um acordo pré-judicial das partes coletivas como pressuposto do direito de ação na Justiça do Trabalho, figura desconhecida em dois mil anos e mais de processo.

Ao afirmar *Paul Roubier* que no *ordenamento jurídico não há lacunas*[56], só o pode fazer em termos relativos. Quem dá as diretrizes e os fundamentos do ordenamento jurídico é a Constituição e a lacunosidade aí só não pode haver naquele campo que a Constituição abriu ao ordenamento. Para fora, o nada jurídico.

O campo de juriferância, nas relações de trabalho, deixado à sentença normativa, é amplo. Mas são nítidos seus limites. No vértice, a Constituição (pelos preceitos auto-aplicáveis do art. 157 da Constituição de 1946, com direta e vertical ressonância no art. 7º da CR/88)[57] e as leis ordinárias, de ordem pública, cuja imperatividade negativa ou afirmativa se alinha em processo técnico da maior atualidade que é a garantia da eficácia subjetiva mínima cometida ao legislador pelas normas básicas programáticas.

Ao ato editivo do Tribunal, como sentença, como imposição de vontade estatal na composição da lide, prefere, ainda, a autonomia grupal, que, por ato negocial, poderá acertar interesses divergentes. São o acordo e a convenção coletivos, que se examinaram anteriormente. A jurisdição converte-se em voluntária e o Tribunal se dá apenas ao cuidado de alimpar-lhe cláusulas arrepiantes de dispositivos legais de ordem pública. Se homologa, o faz por determinação legal. Se não o homologa, só por impedimento legal. É a lei que cria direitos e obrigações na rela-

---

(56) ROUBIER, [19—], p. 15.
(57) "A norma constitucional que enuncia uma faculdade ou declara um direito em termos peremptórios é, em geral, *self-acting* é auto-aplicável e não pode, assim, sofrer encurtamento por via de lei ordinária", voto do Min. *Orozimbo Nonato,* no *Habeas-Corpus* n. 30.498 — CHAVES, 1956, p. 338. Cf., MIRANDA, 1957, t. 1, p. 99, n. 79.

ção jurídica processual, inclusive a forma de se encerrar o processo coletivo. O Tribunal está vinculado à lei[58]. E pela lei, na lei, está ele obrigado a respeitar o auto-regramento grupal, se assim entenderem as partes em não pactuado o acordo.

No concernente às demais fontes estatais, como a lei, há hierarquia material, a ser observada para a constituição do direito. Já a forma negocial de elaborar o ato normativo firma precedência à forma obrigatória, arbitral, da vontade substitutiva do poder público.

Se o fim do direito é o asseguramento do gozo de um bem indispensável à satisfação de uma necessidade da vida[59], e se a relação, prossegue *Lopes da Costa*, que se passa entre o bem e o titular do direito é um *interesse*, o processo coletivo há de guardar forma harmoniosa de se realizar esse interesse, preservando a vontade grupal e regulando-lhe os efeitos abstratamente.

O Estado moderno conformado, eminentemente, pelo direito, passou a intervir diretamente no domínio privado das relações econômicas. Ora, a intervenção compreende o poder organizativo, ainda que em limites de orientação geral, mas alcançando o círculo da sociedade inteira, no conceito amplo de apropriação do ordenamento jurídico. As normas jurídicas, aqui, são elementos para se equacionarem os objetivos socioeconômicos da comunidade estatal, dentro de perspectivas gerais prétraçadas em normas constitucionais programáticas[60]. Impõem-se elas aos órgãos legiferantes do Estado, que devem respeitar, tendo por campo de ação a sociedade toda, as diretrizes que governam os rumos socioeconômicos preestabelecidos na Constituição. O próprio poder normativo da Justiça do Trabalho — não só pela imediata subordinação do juiz à lei, mas, sobretudo, pelos objetivos limitados, estreitos, específicos da sentença normativa, como regramento de situações de grupos e interesses parciais ou de classe (CLT, art. 8º, *in fine*) — encontra-se enclausurado naquela orientação geral, programática da Constituição, e cujo comando imediato põe na realidade factual a trama normativa pro-

---

(58) "O poder juridiciário é independente e só está submetido à lei — El poder judicial es independiente y solo está sometido a la ley": ROSEMBERG, 1955, t. 1, p. 47 e SCHÖNKE, 1950, p.68. Para retomar a expressão alemã, que guarda a tradição: "Der Richter ist nur dem Gesetz und dem Recht unterworfen". Cf. LENT, 1966, p. 23, ROSEMBERG, SCHWAB, 1977, p. 118-9.
(59) É *Lopes da Costa* que lapidarmente o diz — COSTA, 1960, p.42, v.1.
(60) Cf. os arts. 145 a 162 da Constituição de 1946, cuja pauta se segue nos arts. 7º e 8º da CR/88, com pequenas *variações em torno de um mesmo tema*.

gramada na Constituição, cujo comando imediato e preferente se destina ao Poder Legislativo[61]. Quem compõe a trama normativa programada na Constituição é o Poder Legislativo. É a sua atribuição expressamente fixada (arts. 22, 23 e 24 da CR/88). A natureza desse Poder e a das regras por ele emitidas é que garantem o processo de continuidade do direito, em harmonia e respeito aos fins ditados pela Constituição. Assim, obvia-se o sobressalto jurídico. Previne-se o caos.

Quem detém o comando primário da edição de regras jurídicas gerais é aquele Poder, para isso criado. As medidas provisórias, teoricamente excepcionais, são uma deformação do processo legiferante brasileiro.

A distribuição de bens, o asseguramento de princípios de justiça social, a segurança e continuidade jurídicas, os princípios reguladores da eficácia geral dos atos jurídicos cabem ao Legislativo, através das chamadas leis ordinárias.

Quando o legislador edita regra — pela sua natureza geral e abstrata —, impõe-se reconhecer que teve em consideração precípua, ao regular qualquer matéria de sua competência, a situação jurídico-social da sociedade inteira, delineada em expressão geral que se determina no ordenamento jurídico. Assim se forma o comando legislativo[62].

Já nas sentenças normativas, o escopo imediato, primeiro, são aquelas relações de trabalho circunscritas ao grupo ou categoria, o que induz critérios de diversificação, intensiva ou extensivamente, nos modos de se constituírem os respectivos direitos normativos.

A sentença normativa irradia efeitos jurídicos caracteristicamente impessoais em relação a seus destinatários imediatos[63]. A eficácia, que dela se desprende, não se confunde com a eficácia dos fatos jurídicos *stricto sensu*. Aproxima-se da lei, mas dela guarda também distinções[64].

Ora, se a sentença normativa irradia efeitos que, pelo alto grau de generalidade, abstratividade e permanência, a levam a distinguir-se das sentenças comuns ou de quaisquer atos negociais individuais criadores

---

(61) CABRAL, 1955, p. 47 *et seq.*
(62) Cf. LESSA, 1916, p. 73.
(63) Cf. NAWIASKY, 1962.
(64) MIRANDA, 1954, t. 5, p.82.

de direito, ocupa ela um lugar àparte na escala geradora de direitos, em determinado ordenamento jurídico[65].

De algum modo, coloca-se no plano das fontes formais de direito; exprime um grau de hierarquia, um poder, uma força no círculo criador das regras jurídicas, que não se restringem nem se limitam à vontade dos grupos que dela participam, e nem de todo, porém, dela se desgarram. Trata-se de ato eminentemente complexo em sua formação, desde a assembléia geral do sindicato, até o momento de sua edição[66].

A verdade é que o ordenamento teve de aprestar-se para receber em seu bojo, em sua pirâmide — para figurarmos a imagem geométrica de *Kelsen* —, aquela nova figura, aquela linha nova de expressão de força social como ato jurídico regulador de situações impessoais.

Daí evidenciar-se a sentença normativa como resultado de uma política jurídica em franca luta com seus cânones tradicionais. Sua elaboração e conteúdo cruzam-se em linhas que ao direito pareceu jamais pudessem deixar de ser paralelas. Se se desarmonizam os poderes, se se apropriam eles de apuros de ficção, a ponto de concentrar-se em ritos de judiciário o desfecho criador do legislativo, atendeu-se, entretanto, com isso, a reclamos sociais de indiscutível premência, num espírito eminentemente conciliador da autonomia legiferante dos grupos particulares, com a participação publicística de órgãos do Estado.

Há como que um crescendo de vida social que se transmuda em vida jurídica. Unidade de interesses arregimentando-se em categorias profissionais ou econômicas. Imediata oposição desses interesses, entre empregados e empregadores, resultando em categorias antagônicas, em razão da realidade-trabalho — reação imediata de defesa e resistência das categorias diretamente contrapostas.

Aí surge o conflito e, ainda que conflito deixasse de existir, isto é, que a classe provocada assentisse nas reivindicações da classe atuan-

---

(65) SILVA, Ovídio A. Batista da. Ação civil pública e Código do Consumidor. Sentença com eficácia reflexa e *erga omnes*. *In:* SILVA, 1988, p. 104-9, CAMPOS, [19—], p. 93-7 e LIEBMAN, 1981, p. 80 *et seq.*
(66) Cf. OJ 06 SDC, anterior à discussão sobre a possibilidade de dissídio coletivo de natureza jurídica: "DISSÍDIO COLETIVO. NATUREZA JURÍDICA. IMPRESCINDIBILIDADE DE REALIZAÇÃO DE ASSEMBLÉIA DE TRABALHADORES E NEGOCIAÇÃO PRÉVIA. O dissídio coletivo de natureza jurídica não prescinde da autorização da categoria, reunida em assembléia, para legitimar o sindicato próprio, nem da etapa negocial prévia para buscar solução de consenso".

te, ainda assim indispensável se tornaria a existência de um termo, de um ato jurídico, que exprimisse aquela composição e que tornasse explícito, intocável a qualquer momento, o encontro de vontades.

No fundo, procura-se, com as sentenças normativas, alcançar certa normalidade ou certa segurança no desenvolvimento das relações socioeconômicas entre grupos antagônicos da produção, o que importa, necessariamente, a estabilidade social geral[67]. Esse objetivo à estabilidade revela-se até na coisa julgada, ainda que temporária (CLT, art. 873)[68], quando procura com esta conjugar outra das finalidades cardiais do direito, ao qual as sentenças normativas acorrem, pela cláusula *rebus sic standibus*, à realização a *justiça* e ao *progresso social*[69].

A estabilidade jurídica difere da estabilidade social, em que, se aquela visa a assegurar resultados previstos na norma para as relações jurídicas, esta se alcança pelo direito, ou através dele, na preservação da dinâmica social, da interação social, a ponto de aquelas forças que as impulsam e as vitalizam não se transformarem em fator de contenção ou de destruição da própria sociedade.

Não se pode, por isto, desprezar o conteúdo eminentemente flexuoso, maleável das sentenças normativas, revelando-se um dos processos jurígenos mais capazes de, obviando precipitações de larga repercussão na tranqüilidade social, resguardar a afirmação de interesses grupais sem os estiolar ou deturpar.

---

(67) POUND, 1959, p.37.
(68) RECASENS SICHES, 1956, p.277-279.
(69) ROUBIER, 1956, p.43, n. II; RECASENS SICHES, [19—], p.280-286; CATHARINO, 1958, p.27.

AS BASES DO COTEJO:
O PLANO HISTÓRICO E O CONCEITUAL

A Constituição Federal de 1988, em seu art. 114, § 2º, manteve o chamado Poder Normativo da Justiça do Trabalho, que, como se verá, fora agudamente engessado pela Carta de 1967, com a Emenda Constitucional n. 1, de 17 de outubro de 1969[1].

A abordagem do tema centra-se nesta Constituição, a de 1969, porque, sob sua égide, com a sucessão de leis reguladoras do poder regulamentar normativo, mais nitidamente se vê a extraordinária riqueza jurígena da grande instituição emitida pelos Tribunais do Trabalho, a sentença normativa, a qual, do período estrangulador coincidente nos anos 1965-1984, principia por ser como que sub-repticiamente arredada do ordenamento jurídico nacional em razão da força paralelo-sobrepujante de outro instituto, co-irmão, a convenção coletiva ou, que seja, o acordo coletivo.

Se a Constituição Federal de 1934 instituiu a Justiça do Trabalho (art. 122) e a reinstituiu a de 1937 (art. 139), ambas não lhe abrem qualquer competência normativa, que veio a ser expressamente prevista na Constituição de 1946 (art. 123), sem limitação formal ou material à lei.

Em realidade, a abertura constitucional para a instituição da Justiça do Trabalho situa-se na Carta de 1934, art. 122, que volta a constar do art. 139 da Constituição de 1967, nos quais figura uma competência ampla para "dirimir questões" (na de 1934) e/ou "os conflitos (na de 1937) oriundos das relações entre empregados e empregadores, regulados pela legislação social" (*verbis*).

Com o Decreto-Lei n. 1.237, de 2 de maio de 1939, que organiza a Justiça do Trabalho, precisa-se a sua competência, pelos Conselhos Regionais do Trabalho, para julgar os "dissídios coletivos que ocorrerem

---

(1) Sobre a evolução do poder normativo e a compreensão de sua natureza, cf. VIDAL NETO, 1983, especialmente p. 126-33, NASCIMENTO, 1978, que no pórtico traz estampada a dúvida fundante e atual: "Quando falham todas as tentativas de negociação coletiva de novas condições de trabalho, qual o sistema que deve ser usado para a solução do conflito trabalhista?"

dentro da respectiva jurisdição". Se o dissídio excedesse esta jurisdição, a competência originária era da Câmara de Justiça do Trabalho, art. 8º, inciso I, *a*, do Decreto-Lei n. 1.346, de 15 de junho de 1939. Em ambos os dispositivos, letra *d*, do primeiro e letra *c* do segundo, estabeleceu-se a não pouco estranha competência de caber à Justiça do Trabalho a competência para estender a toda a categoria "os contratos coletivos de trabalho"[2].

Ao obumbroso silêncio da Constituição de 1934, a de 1937 qualifica a greve e o *lock out* recursos anti-sociais, proibindo-os expressamente (art. 139, segunda parte), palmilhando, todavia, o curso da negociação coletiva, através do instituto da convenção coletiva (art. 12, § 1º, *i*, na de 1934 e art. 137, letras *a* e *b*, na de 1937, com a denominação primitivamente adotada de "contrato coletivo de trabalho").

Explica-se, *en passant*, a parcial intervenção estatal na autonomia privada de se concertarem conflitos coletivos, sob a Carta de 1937, tanto em razão do regime centralizador e totalitário nela imposto quanto no próprio encurtamento do instituto, como "contrato coletivo", intervenção através dos órgãos da Justiça do Trabalho que podiam "estendê-lo" à categoria toda, virtude que não possuíam, segundo polêmica doutrina estrangeira elaborada até então, notadamente a de origem italiana.

Sob tal aspecto, na extensão, o contrato coletivo torna-se misto, entre privado e estatal, o que já o deforma.

Assinale-se que, antes da Carta de 1946, ao tempo da de 1937 e pelos desvãos do art. 139 desta, a CLT não só disciplinou procedimentalmente os dissídios coletivos (arts. 763, 764 e 856 a 871) como, também, reconheceu à sentença normativa a qualidade de fonte formadora de relações jurídicas, como se vê de seu art. 766, d'onde se extraiu a qualificação de juízo de eqüidade, sem qualquer constrição ou parâmetro de natureza legal que lhe limitasse a constitutividade ou dispositividade como norma irrestritamente preenchedora do mundo jurídico.

Cumpre assinalar que a Constituição de 1946 (art. 23, § 2º) subordinou a sentença normativa à lei, o que *verbum ad verbum*, foi repetido na Constituição de 1967 (art. 134, § 1º) e na Emenda Constitucional n. 1, de 17.10.1969 (art. 142, § 1º). Este ângulo do problema será abaixo amplamente desenvolvido, para chegar-se, em tópico final, ao § 2º, do

---

(2) Cf. em sua projeção conceitual e histórica as obras de CASTRO, 1941, p. 69 *et seq*. e FERREIRA, 1938, p. 113 *et seq*., em seus antecedentes desde 1932.

art. 114, da Constituição em vigor, a de 1988, que inovou, no ponto, de maneira senão transversa, senão oblíqua, senão juridicamente de ingrata assimilação de uma figura mitológica no miolo desse § 2º, com um ser e não ser ao mesmo tempo — ser e não ser conflito, dissídio.

Quer-se chamar a atenção, como antes fora feito em tese de concurso, para a concorrência de soluções de conflitos coletivos, no Brasil, a convenção coletiva e a sentença normativa, em que a forma do *autoregramento* se conjuga à do *hetero-regramento*: convenção coletiva e sentença normativa, anotando-se que esta é um meio impositivo de se solucionarem os conflitos, sem a menor concessão à vontade dos interessados, salvo nos acordos pactuados no curso do processo[3].

Se se compreendia o deslocamento das soluções dos conflitos coletivos para a esfera estatal — e mais, pelo seu Poder Judiciário, nele incorporada, pela Constituição de 1946, a Justiça do Trabalho, com seus Tribunais — ao tempo da Carta de 1937, que aboliu as formas agudas de pressão social e econômica, que é a greve, passou-se a admitir — "cujo exercício a lei regula" (art. 158) — mantido o Poder Normativo da Justiça do Trabalho, conquanto subordinada a sentença normativa à lei (art. 123 e § 2º também da Constituição Federal de 1946)[4].

O que primeiro estranha é esta dualidade de meios de solução dos conflitos coletivos, mesmo em sua singeleza originária e pelos condutos abertos da Carta de 1946, quando, em caráter preliminar, os diversos países, ao regularem a questão, partem do princípio da negociação, em geral através de intermediadores (eleitos ou predesignados em lei), para chegar-se à norma conclusiva, a convenção coletiva (o tratado de paz, como lhe chamava *Duguit*[5]), na preservação maior da autonomia das partes conflitantes. Adota-se a arbitragem, a facultativa (art. 114, § 1º, da CR/88) ou a obrigatória: o árbitro ou órgão congênere, escolhido ou imposto, se vem a falhar a conclusão negocial[6] e o volta-se ao consenso mitológico do atual § 2º, do art. 114 da CR/88.

Assimila-se, mais pronunciadamente, a forma interventora de solução dos conflitos coletivos, pelo Estado, sob o regime da Constituição

---

(3) Sobre a convenção coletivo e o campo minucioso de sua origem e de sua aplicação, cf. IGLESIAS CABERO, 1997, RUPRECHT, 1995, p.281 *et seq.*, MERCADER UGUINA, 1994, LOPES, 1998.
(4) Cf. SITRÂNGULO, 1978, p. 104 *et seq.*
(5) Cf. o desenvolvimento do tema em DUGUIT, 1975, p. 82 e 229-30.
(6) Cf. o excelente VIDAL NETO, 1983, p.42 *et seq.*; DRAKE, 1973, p.546 *et seq.*, especialmente p.555 e KAHN-FREUND, 1977, p.95 *et seq.* e 115 *et seq.*

Federal de 1967, que, aparentemente, permitiu a greve (art. 158, XXI, salvo nos serviços públicos, pelo art. 157, § 7º), mantido então o princípio inquisitório do processo coletivo do trabalho em caso de deflagração, com atribuição à época aos Presidentes dos Tribunais do Trabalho ou ao Ministério Público do Trabalho de instaurarem o dissídio coletivo (CLT, art. 856). Entenda-se a Lei n. 4.330, de 1º.06.1964, para não se aludir ao Decreto-Lei n. 1.632, de 04.08.1978 e, finalmente, a Lei n. 7.783, de 28.06.89, ora em vigor, com o discutível art. 17, que veda, ainda que parcialmente, o *lock out*.

A intervenção, porém, ganha uma peculiar feição no novo Estado totalitário, quando se emprega a lei — como norma hierarquicamente superior à sentença normativa — não apenas a nível procedimental, por meio de cláusulas retentivas ou inseridas nas decisões da Justiça do Trabalho, em dissídios coletivos, a começar pela Lei n. 4.725, de 13.07.1965, modificada pela Lei n. 4.902, de 16.12.1965, a que se seguem os Decretos-Leis n. 15 e 17, de 1966, com instrumentalização do processo de dissídio coletivo e esvaziamento da sentença normativa como conteúdo, em aras ao "aperfeiçoamento da política salarial do governo", como se voltará a ver adiante[7].

Pelo enfoque da Constituição Federal de 1967/69, que, como acima se aludiu, melhor oferece e visibiliza a análise da natureza, da formação e das limitações da sentença normativa, sentir-se-ão as virtudes e as precariedades do Poder Normativo da Justiça do Trabalho, hoje exposto a críticas por vezes exacerbadas à busca de sua supressão.

---

(7) Cf. LOBO, 1967, p.7 *et seq.*, NASCIMENTO, 1978, p.59-61.

A JURISDIÇÃO E A LEGISLAÇÃO

Admitido, na provocação jurisdicional, para a formação da sentença normativa, um direito potestativo (hoje estranhamente consensual) — cujo exercício se pode limitar (prazo de um ano para as revisões, a teor do art. 873), em razão da cláusula *rebus sic stantibus*, compreendida na natureza do ato-contínuo do contrato de trabalho e nas modificações das condições socioeconômicas em que se assenta —, conclui-se que o interesse da categoria, para juridicizar-se, há de reunir determinadas condições conflitantes, que autorizem o movimento da máquina judiciária.

Com isso, a formação da lei de grupo, que é a sentença normativa como definida, se processa por um poder criado e aparelhado, na organização estatal para o exercício de funções historicamente específicas, que é a jurisdicionalidade e não a legislação. Resolve-se pela exceção, sem base histórica e conotativa, o que se dá até pela iniciativa do Ministério Público em casos excepcionais, na forma do disposto no § 3º do art. 114 da CR/88, com a Emenda 45/2004, que interceptou uma intervenção politicamente arbitrária e ostensivamente voltada para operar em um terreno alheio ao interesse das partes legitimadas e habilitadas para o desfecho da lide.

A assimilação, no Poder Judiciário, de uma função até então estranha às suas finalidades específicas, carreou-lhe a ampliação do conceito. Além da atividade aplicadora do direito, de que tradicional e historicamente se incumbem, viram-se, de repente, os órgãos da jurisdição cumulados da arte de criá-lo. Não se trada da criação acessória que dá vida à construção jurisprudencial específica, à interpretação, à eqüidade, à integração, como formas individuais de revelar-se o direito. Aqui, a função jurisdicional cria, mas subsidiariamente. Anda em função da realização do direito, em face das paralelas exigências do caso concreto[1]. Vale se transcreva a aguda observação de *Carl Schmitt*, em forte parceria e retrospecto com *Jeremias Bentham*, sempre na inspiração indignada de *Thomas Hobbes*[2]. Na realidade, a mecânica da adequação do

---

(1) ALSINA, 1956, p. 26, letra *a*.
(2) SCHMITT, 1995, p. 88.

direito à realidade ganha um maior sentido de aproximação senão de identidade por meio da jurisprudência (justiça com previsão legal, mas extraída do caso concreto e voltada para ele).

Sob este prisma, guardadas as possíveis cautelas hermenêuticas, pode-se reinvocar *Carl Schmitt* que acentua:

> Compreende-se a indignação experimentada por Jeremias Bentham, o fanático da segurança positivista da lei, com a só palavra *interpretação*, o que resultaria do mesmo móvel que a exaltação de Hobbes acima mencionada, mas a propósito, desta feita, dos juristas intérpretes: "Quando o juiz ousa arrogar-se o poder de interpretar as leis, tudo torna-se então arbitrário, completamente imprevisível. Com tais métodos, não há mais segurança (*with manner of proceeding there is no security*)." [...] Mas neste caso a teoria do direito torna-se estéril e só reina daí para frente *a segurança*, a *estabilidade*, a *imutabilidade* de uma aparelho operador de normas, funcionando como um indicador de estrada de ferro (*chemin de fer*) pela qual o que importa é antes a formação técnica de bons agulheiros, de bons encarregados na movimentação dos trilhos de ferro[3].

Retome-se o sistema objetivo-concreto e elaborado das OJ's da SDC e das súmulas do TST e os precedentes normativos das seções especializadas em dissídio coletivo que analisam minúcias das questões fáticas inerentes nas atividades, em casos e para casos especificamente focados que fatalmente se repetem e amiúde se entrelaçam como por uma corrente modular contínua e homogênea.

Insista-se com *Carl Schmitt* que também no tópico nunca é sobejo:

> Um puro normativismo deveria deduzir a norma positiva de uma norma suprapositiva; o pensamento orientado pela ordem concreta deveria igualmente conduzir a uma unidade suprapositiva de ordem global ou total. O pensamento decisionista, a seu turno, permite reatar, positivamente, um certo lapso e curso real, no qual a lei positiva só tomada em conta do ponto de vista positivo, brotada de um *nada normativo* ou de *uma ordem* e deve todavia enquanto norma positiva possuir validade[4].

---

(3) SCHMITT, 1995, p. 88.
(4) SCHMITT, 1995, p. 90-1, grifos nossos.

Nas sentenças normativas, foi-se um pouco além. Se o Estado atua provocado pelas partes — pois o juiz em princípio não age de ofício — salvo exceções expressas (CLT, art. 856, modificado em sua parte final) e no suposto de que houve pretensão[5] à tutela jurisdicional das entidades de classe interessadas e conflitantes, o faz, porém, com o fim de criar-se a norma e não de aplicar norma existente e menos ainda de revelar, integrando, direito vigente.

No plano político-jurídico, a função revela-se tipicamente jurisdicional, em que o juiz atua como força realizadora do ordenamento jurídico e não como órgão elaborador de normas (veja-se, v.g., o elenco das OJ's e súmulas do TST ora em vigor, bem como dos chamados precedentes normativos, de se respigaram exemplos acima). Pode-se apontar como um intrigante exemplo a participação das sentenças normativas nos vários modelos políticos e econômicos vigentes desde a sua introdução no sistema jurídico. *Amauri Mascaro do Nascimento* fala das soluções criadas por meio de prejulgados com vistas a adaptar os critérios rígidos de uma economia controlada para a multiplicidade situações peculiares, como a manutenção de salário igual ao do empregado demitido para aquele que tenha sido admitido em seu lugar, para evitar uma rotatividade devastadora da mão-de-obra[6].

O critério formal (senão orgânico), que a doutrina largamente usou para a conceituação do ato jurisdicional, como se vê em *Carré de Malberg*, *Kelsen*, *Japiot* e *Jèze*[7], distingue-se em que é praticado, mediante atos característicos em sucessão contraditória, por um órgão especializado, que se instituiu para esse fim na pessoa do juiz ou dos Tribunais. A par, sobressaem teorias que vêem na jurisdição peculiaridades de estrutura, como a de *Duguit* ou de *Hauriou*, em que ela se verifica ou nas lesões a direito ou para resolver um litígio[8].

A estreiteza desses conceitos consiste em que as escolas que classificam o ato jurisdicional por meio de critérios formais ou materiais

---

(5) A pretensão, "que é uma condição necessária da intervenção do juiz, permanece, efetivamente, exterior ao ato jurisdicional — qui est une condition nécessaire de l'intervention du juge, demeure, en effet, extérieure à l'acte jurisdictionel" — CUCHE, VICENT, 1960, p. 56.
(6) NASCIMENTO, 1978, p. 65-6.
(7) COUTURE, 1958, p. 72, nota 19; CUCHE, VINCENT, 1960, p. 53; SCHÖNKE, 1950, p. XV, p. 8; REZENDE FILHO, 1954. V.1, p. 98 *et seq.*, com excelente resumo das teorias explicativas de jurisdição; MALBERG, 1948, p.714, n. 265 e p. 716, n. 266.
(8) CUCHE, VICENT, 1960, p. 55 a 57.

puros como que isolam o seu conteúdo dos centros de irradiação jurídica, onde ele se dá. O objeto e a construção formal da operação judicante são fundados só na relação entre os elementos intrínsecos do ato.

Percebendo isso, as escolas processualistas evolveram para outro campo, como que ligando o ato jurisdicional ao ordenamento jurídico, em face de outras formas ontológicas pelas quais atua.

Sem se ultrapassarem os critérios anteriores, foi o teleológico, o da finalidade do ato, que acabou por empolgar a mais sadia doutrina processualista.

Visa ele a realizar o direito objetivo ou a que se lhe respeite a incidência, conforme se vê em *Pontes de Miranda*[9], em *João Monteiro, Lopes da Costa, Alsina, Hélio Tornaghi, Costa Carvalho, Couture*[10], ou com o fim de *verificar situações jurídicas,* tese sustentada por *Cuche* e *Vincent*[11]. Sua caracterização foi isolada por *Chiovenda* como atividade substitutiva. Ponto de partida extraordinariamente rico, de sabor histórico-teleológico, assumiu posição preeminente na escola italiana do processo[12], cuja amostra se colhe em *D'Agostino*:

"a característica da função jurisdicional seria dada em que o órgão jurisdicional substitui a própria atividade dos indivíduos"[13].

Não o achando suficiente, *D'Agostino* acrescenta:

"Segundo *Chiovenda*, de fato, a substituição existiria na atuação de uma vontade da lei; segundo *Rocco, Zanzuchi*, ela existiria na tute-

---

(9) MIRANDA, 1958, p. 18, t. 1, n. 3; MIRANDA, 1953, t. 1, p. 115, n. 101.
(10) MONTEIRO, 1956, p. 126, t. 1; COSTA, 1956, p. 23; COSTA, 1960, v. I, p. 54. Note-se em *Alsina*: "o Estado não se limita a estabelecer o direito, mas a garantir seu cumprimento, e este é o conteúdo da função jurisdicional — el Estado no se limita a establecer el derecho, sino que garantiza su cumplimiento, y este es el contenido de la función jurisdiccional" — ALSINA, 1956, p.23. E em *Tornaghi*: "a função jurisdicional aparece já no afirmar a existência da vontade da lei, já no torná-la praticamente efetiva" — TORNAGHI, 1959, p. 208 a 211, v. 2. Cf. CARVALHO, 1949, v. I, p. 191.
(11) CUCHE, VINCENT, 1960, p. 59: "o critério teleológico fundado como o objetivo da função jurisdicional, sendo este objetivo operar a verificação das situações com a ajuda de uma constatação que constitui, em si mesma, o ato jurisdicional — le critère téléologique fondé sur le but de la fonction juridictionnelle, ce but étant d'operer la verification des situations à l'aide d'une constatation qui constitue, à elle seule, l'acte juridictionnel".
(12) Cf. CHIOVENDA, 1943, p. 21, v. 2: "a jurisdição dá-se como a substituição de uma atividade pública a uma atividade alheia".
(13) "la caratteristica della funzione giurisdizionale sarebbe data fatto che l'organo giurisdizionale sostituisce la propria attivitá a quella dei privati" — D'AGOSTINO, 1938, p. 170.

la de determinados interesses; segundo *Betti* exercitando tal atividade substitutiva o órgão estatal decide como pré-existente e expede como ínsito, um preceito da lei substancial concernente à parte interessada e determinante na sua relação; segundo *Calamandrei* o elemento da substituição na atividade de outrem deve combinar-se com a atuação concreta da vontade da lei já existente antes do processo e que não seja dirigida ao juiz mas aos sujeitos da relação jurídica submetida à decisão"[14].

Se, pois, num sentido restrito, se pode definir a jurisdição como a atividade do Estado que tem por finalidade aplicar leis, através de processo especial, essa aplicação, em virtude do princípio de que o juiz não age de ofício, se dá em casos concretos. Sua característica, de substitutividade, aparece como explicação histórica, que contribui para a elucidação de seu conteúdo. Se a finalidade estrita do processo é a coisa julgada[15], somente volta a transfundir-se com uma das finalidades cardeais do direito, que é a segurança social. Se se fixa a vontade da lei no caso concreto, o há de ser tão permanentemente como da natureza abstrata da lei mesmo. Aliás, o preceito, aí, é de fundo sociológico do direito, implantado na Constituição (art. 5º, XXXVI da CR/88).

Vê-se que a relação íntima que flui do ordenamento jurídico para a jurisdição, como função específica, não pode disfarçar-se em definições enclausuradoras de seu conceito, demasiadamente estreito. Disso não andou despercebido *Rosemberg*, quando, para além daquela finalidade estrita da jurisdição, lhe atribui outra, e genérica, como a *atividade do Estado dirigida à realização do ordenamento jurídico*[16].

---

(14) "Secondo il CHIOVENDA, infatti la sostituione se avrebbe nella attuazione di una voluntà di legge; secondo ROCCO, ZANZUCHI, la avreble nella tutela di determinati interessi; secondo BETTI eserictando tale attività sostitutiva l'organo statuale accerta como preesistene e manda ad affeto, un precetto della legge sostanziale concernente le parti intteressate e statuente sopra loro rapporto; secondo il CALAMANDREI l'elemento della sostituzione nella attività altrui deve combinarsi com l'attuazione concreta di volntà di legge già nota prima del processo e che non sia indirizzata al giudice ma ai soggeti del rapporto giuridico sottoposto a decisione" — D'AGOSTINO, 1938, p. 171.
(15) COUTURE, 1958, p. 40.
(16) ROSEMBERG, 1955, p. 45. Como finalidade restrita, diz o insigne tratadista alemão que "consiste preferentemente na aplicação do direito objetivo ao caso concreto e é exercida pelos *tribunais* a pedido de uma parte — consiste preferentemente en la aplicación del derecho objetivo al caso concreto y es exercida por los *tribunales* a petición de una parte" — p. 46.

Pontes de Miranda di-lo em outros termos:

na parte do direito público, tendente a subordinar os fatos da vida social à ordem jurídica (sociologicamente, o prover o bom funcionamento do processo de adaptação social, que é o Direito), uma das funções é a da *atividade jurisdicional*[17].

Quando o juiz julga por *eqüidade,* quando *integra* o direito ou *revela* às partes regra omissa na lei, ainda aqui exerce atividade teleologicamente jurisdicional, que se assenta na natureza de sua função, que *Mônica Sette Lopes,* na linha de *Cordeiro de Meneses,* descreve como *modelo de eqüidade*[18].

Seu ato visa, como o dissera *Hauriou,* à solução de uma controvérsia e, antes dela, a dar efetivo curso a uma regra jurídica, que se criou para aquele caso. A eficácia do ato restringe-se aos termos concretos da controvérsia e, se *integrou* o direito ou *construiu* a norma, o fez sobretudo em reverência a preceito remanescente da função jurisdicional. Quando *interpreta sociologicamente* a lei, ainda permanece em seu círculo de função julgadora. Se a ultrapassa, dela, entretanto, partiu. Seu ato, como jurisdicional, atém-se ao círculo natural de incidência do ordenamento jurídico. A regra que elabora, para algum fato social, é regra *construída* de elementos jurídicos que, a despeito de não se aplicarem diretamente ao caso *sub judice,* são encontrados, todavia, pelo juiz, na confluência de princípios jurídicos atuantes nas formas hierárquicas originárias de manifestar-se o ordenamento jurídico[19].

Quando o tribunal julgador se depara, no processo do dissídio coletivo, com cláusulas "convencionadas anteriormente", dentro da predisposição final do § 2º do art. 114 da CR/88, trazida pela EC 45/04, prevê-se que elas serão mantidas, mas convolando-as sob a forma embutida da *manutenção* — já projetando-as e assegurando-as com o selo da jurisdição — se não objeto de controvérsia ou de superação fática da realidade anterior, não deixa o Tribunal de ser o órgão julgador ao examinar tais cláusulas para mantê-las (homologá-las), em razão do que deverá avaliar se se tornaram exorbitantes para as partes ou se deixaram de ser consentâneas com os fatos anteriores que haviam gerado e as legitimaram.

---

(17) MIRANDA, 1953, t. 1, p. 115.
(18) LOPES, 1993, p. 138-9.
(19) Cf. o excelente SÁ FILHO, 1959, p. 311 *et seq.*

Mesmo naqueles sistemas em que o magistrado parece, como entre os anglo-saxônicos e os norte-americanos, gozar de liberdade maior no poder de julgar, pauta-se no *commom law* por determinados princípios e canais, que jungem a atividade do julgador, restringindo-lhe sobremaneira a autonomia criadora[20]. *Cardozo*, em agudo lance de apreensão, diz que o *direito deve ser uniforme e imparcial, daí a adesão ao precedente*[21].

Quer *construindo*, quer *interpretando*, seja através da precedência do *judge-made law*, seja de faculdades criadoras típicas, a que a lei brasileira chama positivamente *eqüidade* (CPC, art. 127), ou indo-se a fontes estranhas à lei mesma (com os *costumes*, os *princípios gerais*, ou através dela, a *analogia* — Introdução ao Código Civil, art. 4º), o juiz subordina-se a determinados fundamentos filosófico-jurídicos que presidem à criação das leis, tais como o princípio do menor arbítrio, a igualdade jurídica, a segurança nos efeitos, e o que *Stammler* chamou universalmente de incidência indiscriminada, através da qual *nenhum partícipe da comunidade jurídica seja dela arbitrariamente excluído*[22].

Esse é o conceito de jurisdição, de ato jurisdicional, que situa o juiz em posição dinâmica de *realizador do ordenamento* jurídico, no dizer de *Rosenberg*, ou agente de subordinação dos fatos sociais ao direito (*Pontes de Miranda*). Por ele, o juiz não só aplica a lei ao caso concreto, não só garante a efetividade do direito *objetivo* ou realiza o direito *subjetivo*[23], mas, sobretudo, atua em nome da ordem jurídica inteira, o que lhe faculta maior campo de ação no fenômeno da juridicidade. Aliás, *Pontes de Miranda*, bem penetrando a profundidade do fenômeno da atividade jurisdicional, entende que a subordinação do juiz é *subordinação ao direito* e não à lei. Nessa mesma acepção encontra-se *Hans Nawiasky* e farta doutrina alemã[24].

---

(20) Cf. DWORKIN, 1999.
(21) CARDOZO, 1956, p. 63-4, 68 e 70. *Kelsen* acha que o compromisso da continuidade é muito maior no regime do *commom law* — KELSEN, 1946, p. 228.
(22) Cf. GOLDSCHMIDT, 1944, p. 37.
(23) COSTA, 1956, p. 23.
(24) "Teremos ensejo de ver que a subordinação é ao *direito* e não *à lei*, por ser possível a Lei contra o *direito*. Aliás, já temos tratado largamente, desde 1922, da insubsistência das leis intrinsecamente incompatíveis com princípios imanentes à ordem jurídica" — MIRANDA, 1953, t. 2, p. 437 *et seq.* — para afirmar logo adiante: "podem não ser coextensivas a *ordem jurídica* e a Lei (p. 438). Cf. ANTUNES, 1955, p. 67, NAWIASKY, 1934, p. 36, BERNHARDT, 1968, p. 70, SAUER, 1951, p. 17. Aliás o preceito está contido no art. 97, inciso I da Lei Fundamental de Bonn: "O juiz é livre e só se vincula à lei — Der Richter sind unabhängig und nur dem Gesetz unterwofen".

A atividade jurisdicional passa a relacionar-se com os círculos fundamentais da criação e da afirmação jurídicas, das quais o juiz é um dos mais ativos agentes[25].

Apoiado diretamente nos centros básicos da irradiação jurídica, o Poder Judiciário viu-se apanhado no torvelinho da edição de regras abstratas, permanentes, com sabor de verdadeiras leis materiais. O salto foi extraordinário. Deixou-se o princípio da concretividade, que marca a eficácia individuada da sentença, com atração da normatização em caráter genérico, como assentou lapidarmente o TST pela OJ 07 da SDC[26]. Ainda quando o judiciário pronuncia inconstitucionalidade de lei ordinária — que é o ato declaratório legislativo negativo —, seu comando dirige-se às pessoas diretamente a ele vinculadas na relação jurídica processual, titulares do direito objetivo, da pretensão e da ação[27]. Não se pronunciou em tese. E tanto assim é que, declarada a inconstitucionalidade, é ao Senado, órgão do Legislativo, que incumbe "suspender a execução, no todo ou em parte, de lei" pelo Supremo Tribunal acoimada do vício maior, a inconstitucionalidade (CR/88, art. 52, inciso X)[28].

Em face do desbordamento da atividade do juiz, para funções que mais se entendem com a criação pura do direito, sem reservas procedimentais confinadas na estreiteza da lide individual, a doutrina apanhou-lhe um conceito mais amplo ainda de *jurisdição,* como *qualquer forma de produção do Direito obtida pela colaboração entre o juiz e as partes*[29]. Quando *Carnelutti* assim a definiu, o fez pressionado pelas formas judiciais de se produzirem regras jurídicas abstratas, com eficácia plurivalente, em que se alteiam métodos inteiramente inovadores na técnica jurídica construtora do Estado.

Editar normas, ato legiferante e diverso do da técnica específica de revelação do direito, que é função precípua, característica do Poder Judiciário, se praticado pela Justiça do Trabalho, não extralimita condicio-

---

(25) Cf. LA MORANDIÈRE, ESMEIN, LÉVY-BRUHL, SCELLE, 1951, p. 16, t. 1.
(26) "DISSÍDIO COLETIVO. NATUREZA JURÍDICA. INTERPRETAÇÃO DE NORMA DE CARÁTER GENÉRICO. INVIABILIDADE. Não se presta o dissídio coletivo de natureza jurídica à interpretação de normas de caráter genérico, a teor do disposto no art. 313, II, do RITST."
(27) SÁ FILHO, 1959, 294 *et seq.*; LOUREIRO JÚNIOR. 1957, p. 79 *et seq.*
(28) A doutrina chama a isso eficácia relativa, da sentença que declara a inconstitucionalidade. Cf. GHIGLIANI, 1952, p. 97, n. 3.
(29) CARNELUTTI, 1955, p. 86.

nantes do § 1º do art. 142 da Constituição Federal de 1969 e art. 114, § 2º da Carta vigente. Há permissibilidade de regra constitucional[30].

Na verdade a Justiça do Trabalho edita regra jurídica abstrata; mas a normação, o enriquecimento normativo de um ordenamento, em suas linhas básicas, para construir-se harmoniosamente, há de ser cometido a um órgão estatal, estruturado com essa finalidade (a de compor leis), em competência qualitativamente específica, mas quantitativamente ampla, formalmente armado para isso, como se infere das regras entrelaçadas dos arts. 8º, n. XVII, 43, n. IX, 46 e seguintes e 56 e seguintes da Constituição Federal de 1967/9, que encontram correspondência nos arts. 22, 48, 59 e seguintes e 61 da CR/88. O princípio, o primado da lei, a hierarquia legislativa, como se verá adiante, perseveram no § 1º do art. 142 da Constituição de 1967/9, ou seja, no art. 114 § 2º da CR/88.

A despeito do avanço da função jurisdicional, desde a dogmática dos jurisconsultos às escolas da livre revelação, desde a criação individuada à edição de norma abstrata, o Poder Jurisdicional encontrou, amadurecida, realizando fins editivos gerais, como atividade fundamental na armação jurídica do Estado, a elaboração formal aprimorada de leis gerais, abstratas e permanentes, para toda a comunidade social, objeto da lide, pelo Poder Legislativo[31].

Histórica e tecnicamente, a legislação irmanou-se com a jurisdição. No Estado moderno, quando o juiz julga, seu ato só se explica na existência de um direito objetivo. E a ele, juiz, não incumbe sua criação. Se o cria agora, em determinados ramos do direito, atendendo a peculiaridades de situações conflituais, elabora-o, porém, excepcionalmente.

Quando se encaminham as entidades de classe, como os sindicatos, para as portas do Judiciário, fundadas num direito público subjetivo, que lhes legitima a pretensão (manutenção ou modificação das condições de trabalho) — e que se circunscreve na faculdade de constranger

---

(30) MIRANDA, 1953, p. 153, t. 3; CAVALCANTI, 1952, v. 2, p. 404 *et seq.*
(31) "Aliás, quando o Estado administra justiça, o poder, que ele exerce, por meio de seus órgãos judiciários, não se funda em qualquer prioridade conceptual. Antes dessa função, já exerceu outra, que também só lhe cabe em parte, e se exaure antes dessa, a legislativa, a que bastam as noções de *regra jurídica e incidência*. A função jurisdicional, a ação em juízo e os remédios processuais vem depois, ocasionalmente; vem após a formação dos direitos subjetivos, das pretensões e das ações (em sentido de direito material). No plano, já posterior, da função jurisdicional, é indiferente, aos olhos da ciência, que se trate primeiro da jurisdição, ou do pedido das partes". MIRANDA, 1973-1974, t. 1, p. 19.

aquele Poder a manifestar-se sobre pedido de novas condições jurídicas de trabalho, encontram elas um órgão adequadamente armado para recebê-las, para captar-lhes as linhas fáticas da controvérsia, como conteúdo da *lide coletiva*. É órgão exercente de função eminentemente jurisdicional. Sua natureza, sua função histórica o dizem.

Ao ditar, porém, esse órgão, a regra pedida pelas partes coletivamente, se as agasalhou em procedimentos normais seus, já excepcionalmente elabora um ato de disposição geral, de conteúdo *normativo:* a lei de grupo. Raciocina-se em termos de jurisdicionalidade latina e germânica, em que as regras abstratas de direito constroem-se nos Parlamentos e constituem a espinha dorsal da atividade construtora do juiz (é o princípio da *Stufenbau*). Há preeminência de atividade legislativa sobre atividade jurisdicional e não formação autônoma da regra pelo juiz, em *detrimento* do *statute law,* ou *paralelamente a ele* [32], como entre os anglo-saxônicos.

Se o Tribunal *edita* regra abstrata, na sentença normativa, há de exercer mandamento constitucional que lhe faculte. Além de desincumbir-se de função, que não é técnica e especificamente sua, usurpa-a, a outro Poder, o Legislativo, que a realiza normalmente e para a qual foi criado.

Por isso, não se pode, aí, fugir ao conceito de Estado moderno, que traz consigo a construção e retoques harmoniosos e infindáveis de ordenamento jurídico. Trata-se de verdadeiro sistema rotativo sucessivo de criação e afirmação de regras jurídicas. Aqui, encontram-se as funções jurisdicional e legislativa em permanente *vir-a-ser*, constituindo a dinâmica do ordenamento. Às ordens inferiores antepõem-se as ordens superiores, cuja preeminência se assenta em critérios de validade, ora formal ora material[33].

A função executiva é omitida porque é perfeitamente abstraível do curso do escopo desse trabalho, que é o de fixar o grau de legiferância

---

(32) SÁ FILHO, 1959, p. 312.
(33) "Entre a criação do direito (Rechtserzeugung) pela lei e a aplicação do direito (Rechtsanwendung) por um ato jurídico há apenas uma diferença de nível, mas não de natureza - Entre la création du droit (Rechtserzeugung) par la loi et l'application du droit (Rechtsanwendung) par un acte jurique il n'y a qu'une difference de degré et non de nature": DU PASQUIER, 1948, p. 100. "A ordem jurídica está constituída por uma unidade hierárquica de normas de direito — El orden jurídico está constituido por una unidad jerárquica de normas de derecho": LEGAZ Y LACAMBRA, 1947, p. 9; KELSEN, 1946, p. 227 *et seq.*

da sentença normativa e sua posição hierárquica no ordenamento. A função executiva ou, melhormente, a administrativa, define-se por exclusão das demais — a legislativa e a jurisdicional — e ainda que assim não fosse, é, segundo *Gabino Fraga*, aquela "que o Estado realiza sob uma ordem jurídica, e que consiste na execução de atos materiais, ou de atos que determinam situações jurídicas para casos individuais[34].

Pergunta-se onde a realidade última, que, na técnica jurídica, estrutura a legitimidade do ordenamento. Onde se validam as regras jurídicas, as que garantem a positividade e a efetividade do direito?

A dinâmica jurídica, ainda quando se acione sobre o menor ato jurídico individual, implica a existência de um sistema geral, de positividade, que pressupõe coordenação e subordinação das regras de direito e sua eficácia. O axioma vem de *Carlos Cossio*[35].

O direito, segundo *Kelsen*, regula os processos de sua criação. A vida do direito ao direito pertence. Há exemplo disso na estrutura do ordenamento jurídico brasileiro (Constituição de 1988, art. 5º, 103, § 2º e 3º).

Ao criticar, aliás, construtivamente, a teoria jurídica analítica de *Austin*, que acoimou de estática, o ilustre chefe da Escola de Viena diz, textualmente:

> o direito, diferentemente de todos os outros sistemas de normas, regula sua propria criação. Uma análise de direito positivo mostra que o procedimento pelo qual se cria uma norma jurídica está regulado por outra norma jurídica. A rigor, freqüentemente, outras normas determinam não apenas o procedimento de criação como também, em maior ou menor extensão, o conteúdo da norma a criar-se[36].

---

(34) "[...] que el Estado realiza bajo un orden jurídico, y que consiste en la ejecución de actos materiales, o de actos que determinan situaciones jurídicas para casos individuales" — FRAGA, 1958, p. 62, n. 49, onde o autor a distingue das outras funções, com clareza e precisão.
(35) "Um caso sempre se resolve pela totalidade do ordenamento e nunca por uma só de suas partes, tal como todo o peso de uma esfera gravita sobre a superfície que o suporta, ainda que seja um só o ponto com o qual toma contato — Un caso siempre se resuelve por la totalidad del ordenamiento y nunca por una sola de sus partes, tal como todo el peso de una esfera gravita sobre la superficie que lo soporta, aunque sea uno solo el punto por el que toma contato" — Cf. TORRÉ, 1957, p. 210.
(36) "el derecho, a diferencia de todo otro sistema de normas, regula su propria creación. Un analisis de derecho positivo muestra que el procedimiento por el cual se crea una norma jurídica está regulado por otra norma jurídica. En rigor, frecuentemente, otras normas determinan no solo el procedimiento de creación sino también, en mayor o menor extensión, el contenido de la norma a crearse" — KELSEN, 1946, p. 227-8.

Seria antecipar as pesquisas encontrar perfeitamente atendimento ao postulado do jurista vienense no concernente à sentença normativa, em face do Direito brasileiro. Na realidade, como se viu a princípio, a Constituição Federal de 1967, pelo seu art. 142, § 1º, além de determinar o processo de se criarem regras grupais, nas sentenças normativas, fixava-lhes, pela lei ordinária, o conteúdo.

Daí a validade *formal* e a validade *material* da sentença normativa[37]. E ninguém mais está obrigado a respeitar essa hierarquia das normas do que o Poder Judiciário, encarregado, até, pela Constituição, de impô-las aos demais Poderes, nos casos de sua competência[38].

No ápice do ordenamento, a regra constitucional representa a fonte última e primeira de criação jurídica, legitimando as demais[39].

Eis aí onde se podem localizar as sentenças normativas, não apenas como conteúdos jurídicos, cujo campo de irradiação interior se encontrava diretamente limitado pela Constituição de 1967/1969 que o delegou à lei ordinária, ou por esta também como atividade formal dos órgãos da Justiça do Trabalho, cujos lindes competenciais se achavam no § 4º, art. 141, da mesma Carta. A validade formal das sentenças normativas transpirava desse inciso para a lei ordinária, corroborada à viva força no texto do já, e desde então, referido art. 142, § 1º, da mesma Constituição de 67/69. Havia criação e havia limitação de competência específica. No § 1º de seu art. 142, completava-se a Constituição, para preencher-se a forma, ditando a validade material, cujo conteúdo, porém, se especificará na lei. A especificação dos casos não se esquadrinhava da Constituição, mas vinha da lei, em um ou em outro sentido obstativo ou limitativo, o que, sob certos ângulos, se esfumaçou.

---

(37) "[...] uma norma é válida, não só quando foi estabelecida pelos órgãos e com o procedimento prescrito por outra norma superior (validade *formal*), como também quando seu conteúdo encuadra-se no que dispõe a norma fundante (validade *material*) — una norma es válida, no solo cuando ha sido establecida por los órganos y con el procedimiento prescripto por otra norma superior (validez *formal*), sino también cuando su contenido encuadra en lo que dispone la norma fundante (validez *material*)" — TORRÉ, 1957, p. 212.
(38) ANTUNES, 1955, p. 69; NUNES, 1954, p. 103 *et seq.*
(39) Define *Kelsen* a Constituição como "o conjunto daquelas normas que determinam a criação e, ocasionalmente, em certa medida, o conteúdo das normas jurídicas gerais que a seu turno governam normas individuais, tais como as sentenças judiciais — el conjunto de aquelas normas que determinan la creación y, ocasionalmente, en cierta medida, el contenido de las normas jurídicas generales que a su vez gobiernan normas individuales, tales como las sentencias judiciales" — KELSEN, 1946, p. 228.

Casos havia em que a lei ordinária excluía fatos da juriferância das sentenças normativas, porque sua, das leis, a preferência editiva. Aquele que especifica ou retira ou põe.

"A lei especificará os casos em que as decisões, nos dissídios coletivos, poderão estabelecer normas e condições de trabalho" (Constituição de 1967/1969, art. 141, § 1º).

A determinado *suporte fático* pode vedar a lei o juridicize a sentença normativa, envolvendo-o em efeitos jurídicos, isto é, transformando-o em *suposto jurídico,* na técnica de *García Maynez*[40]. O citado preceito legal compadecia-se com o espírito e a ideologia da época, constritora e predominantemente estatizante.

Se a Constituição de 1946 incorporou ao Poder Judiciário Federal à Justiça do Trabalho e lhe atribuiu os fundamentos da competência para resolver determinado tipo de conflitos sociais — que definiu, como os do trabalho, regidos por legislação especial —, já a distribuição dessa competência, como aptidão *formal,* e o seu conteúdo, com reflexos nas relações materiais das partes, preservou-os na lei ordinária. O primeiro mandatário da regra constitucional ainda foi o legislador. Repetiu-a, como se expôs, a Constituição de 1967 (com a Emenda n. 1, de 17 de outubro de 1969). Houve, certamente, transmudação na Carta de 1988, com o incremento do poder e da autonomia sindicais (arts 8º, 9º e 37, VI, com a tônica do inciso VII).

Na realidade, a fonte por excelência do direito é a lei. Nesta se reúnem as mais densas reservas elocubrativas do pensamento humano, no sentido de assegurar, a uma regra jurídica, a maior soma de força legitimadora[41].

Definem-na *De La Gressaye* e *Laborde-Lacoste*:

"A lei é uma regra de direito geral, abstrato e permanente, proclamada obrigatória pela vontade da autoridade competente, expressa em uma fórmula escrita"[42].

---

(40) GARCÍA MAYNEZ, 1955, p. 170.
(41) "Nos países de direito escrito, a legislação é a mais rica e importante das fontes formais — En los países de derecho escrito, la legislación es la más rica y importante de las fuentes formales" — GARCÍA MAYNEZ, 1955, p. 52; "A lei é, por excelência, a fonte de direito moderno — fonte de grande desaguadouro — Le loi est, par excelente, la source du droit moderne — source à gros débit": DU PASQUIER, 1948, p. 58, n. 76; BADENES GASSET, 1959, p. 285 *et seq.*
(42) "A lei é uma regra de direito geral, abstrato e permanente, proclamado obrigatório pela vontade da autoridade competente, expressa em fórmula escrita — La loi est-

Autores há que justificam a primazia da lei na natureza e constituição dos órgãos encarregados de sua edição como sua legitimidade *formal*[43]. Sua projeção deve-se, histórica e politicamente, a um sentido afirmador da soberania popular nas assembléias legislativas em detrimento da autoridade central do rei, como se dera na Revolução Francesa. A necessidade de fortalecimento do órgão, como único representante da vontade popular, acabou por contaminar o próprio conceito dos atos dele emanados[44].

Definida, porém, a lei, por seu conteúdo, *pela matéria de que é feita,* no dizer de *De La Gressaye* e *Laborde Lacoste,* legitima-se a sua preeminência no fato de, tecnicamente, ter sido o meio mais garantido de o direito realizar o princípio da *maior segurança* e do *menor arbítrio,* ou, no dizer do saudoso *Carlos Campos,* "o direito é o domínio do *máximo interesse,* e do *mínimo arbítrio,* em razão de seu conteúdo de maior valor, e a sua técnica adequada de tradução e efetivação tem de ser a dogmática dos jurisconsultos"[45], isto é, o primado da lei. Pela *generalidade,* ela compõe hipóteses abstratas que se aplicarão uniformemente, com o menor risco da *exceção*[46]. Na permanência, atenua o grau de *incerteza* nos efeitos dos atos jurídicos, o que conduziria fatalmente à negação do próprio direito como técnica social de equilíbrio. Aqui se explica a evolução do direito, no sentido histórico da passagem gradativa do costume à lei[47].

---

une régle de droit générale, abstraite et permanente, proclamée obligatoire par la volonté de l'autorité compétente, exprimée dans une formule écrite" — DE LA GRESSAYE, LABORDE-LACOSTE, 1947, p. 197. Cf. RÁO, 1952, v. 1, p. 317 *et seq.*
(43) "A principal fonte de direito é a lei. Essa principialidade jurígena advém-lhe da maior *visibilidade* do órgão que a elabora — órgão que, através dos tempos, nem sempre é o mesmo e perde de despotismo à medida que se opera a evolução social" — MIRANDA, 1953, t. 2, p.442. À frente, ensina o mesmo e douto *Pontes de Miranda*: "teme-se a regra jurídica não elaborada por corpos estáveis, de origem popular, porque se teme o *arbítrio"* (MIRANDA, 1957, t. 4, p. 74).
(44) DE LA GRESSAYE, LABORDE-LACOSTE, 1947; MALBERG, 1948, p. 249 *et seq.*
(45) CAMPOS, 1943, p. 368.
(46) DE LA GRESSAYE, LABORDE LACOSTE, 1947, p. 198. *Kelsen* desdobra-lhe, à lei, o conteúdo como "um juízo hipotético que atribui uma *conseqüência* determinada a uma condição determinada — un juicio hipotético que atribuye una *consecuencia* determinada a una condición determinada" — KELSEN, 1947, p. 217. A Lei como juízo hipotético e *dever ser,* veja-se LEGAZ Y LACAMBRA, 1947, p. 9. Como regra geral: cf. HAESAERT, 1948, p. 411-412.
(47) GARCÍA MAYNEZ, 1955, p. 52, LA MORANDIÈRE, ESMEIN, LEVY-BRUHL, SCELLE, 1951, p. 14.

Aliás, *Vicente Ráo*, com muita precisão, nota que "as leis se classificam, *hierarquicamente,* segundo a maior ou menor *intensidade criadora do direito*"[48].

Daí, retorna-se ao ordenamento jurídico, como um conceito unitário, no sentido de agregação dos fatores responsáveis pela criação do direito.

Na realidade, é pela lei que o Estado se arma e logra, através do princípio da coercibilidade ampla, realizar os fins sociais que reputa insertos em sua missão histórico-sociológica[49].

Mais do que à natureza das funções, a criação de Poderes estatais autônomos e diversificados, para dar vida e escoamento às relações sociais juridicizáveis, se deveu à orientação política dominante nos fins do século XVII, com o extraordinário enriquecimento jurídico trazido pela Escola Clássica do Direito Natural à proteção dos direitos individuais. *Locke*, meditando no sistema empírico inglês, vislumbrou a necessidade de um órgão, na técnica estatal, que, tendo *como missão a suprema garantia do Direito Natural,* preservasse os súditos do abuso do poder legislativo[50].

Se *Locke* elaborou a teoria da *substância* da liberdade, no dizer de *Bodenheimer*, a técnica de sua construção política se deveu ao gênio de *Montesquieu*, muito impressionado pelo fato de que todo o *homem investido de autoridade predispõe-se a abusar dela*[51]. Respeitando-se a natureza teleológica das funções básicas, exercidas pelo Estado, necessário se tornava que o *poder se contrapesasse ao poder*[52]. Daí a tripartição — que obedeceu ao critério objetivo-finalístico das funções.

Concomitantemente à desindividualização do Poder, os órgãos representativos sofreram evolução no regime separatista absoluto, o que se verificou sobretudo dada a impossibilidade material-política de se manterem estanques exatamente os círculos governativos responsáveis pela unidade e soberania estatal[53]. Por isso, falava o art. 6º da Consti-

---

(48) RÁO, 1952, p. 346.
(49) Cf. ROUBIER, 1956, p. 43; cf. LESSA, 1916, p. 389 e 405 e, em toda a sua extensão e explicitude BOBBIO, 1960, p. 25 *et seq.* e 125 *et seq.*
(50) BODENHEIMER, 1946, p. 142.
(51) MONTESQUIEU, 1960, v. 1, p. 179. Cf. BODENHEIMER, 1946, p. 144.
(52) BODENHEIMER, 1946, p. 144.
(53) Cf. LA MORANDIÈRE, ESMEIN, LEVY-BRUHL, SCELLE, 1951, p. 11. Para a institucionalidade do Poder, cf. BURDEAU, 1949, t. II, p. 188 *et seq.*

tuição de 1967/9 nos três Poderes "independentes e harmônicos entre si"[54], o que repete a Constituição de 1988, mais especificamente no art. 2º.

A separação dos poderes, que se procurou respeitar dentro dos critérios rígidos apregoados pelo pensamento político da Revolução de 89, abrandou-se, e hoje, quando admitida, só o é como "uma regra de arte política, de oportunidade, de boa condução dos poderes públicos"[55].

Resultante dessa impossibilidade de se circunscreverem os poderes dentro de suas específicas atribuições, através de atos por sua natureza idênticos aos de outro poder, a doutrina publicística acabou por estabelecer nítida distinção entre poder e função.

Para isto, chama atenção *Tarello* quando cuida dos limites da interpretação ou da aplicação das leis pelo juiz:

Esta específica organização era possível em uma operação cultural que se baseava na representação ideológica, segundo a qual a atividade de aplicação da lei podia, e podendo deve, ser atividade mecânica e meramente técnica. Esta representação ideológica, na medida em que era acolhida na classe jurídica, servia para *desresponsabilizar* (em sentido político) a classe jurídica propriamente; e enquanto disseminada entre os juízes servia para esterilizar a magistratura como corpo político[56].

É importante que se veja aí não apenas a evolução específica na fisiologia das relações intra-estatais, mas também uma decorrência das transformações na constituição dos órgãos do poder, que vem sofrendo, dia a dia, mais nítida infiltração da vontade popular na legitimação de seu conteúdo representativo e formal[57].

---

(54) MIRANDA, 1953, t. II, p. 185 *et seq.*
(55) "*une régle d'art politique, d'opportunité, de bon aménagement des pouvoirs publics*" — BURDEAU, 1957, p. 113.
(56) "Questa scelta organizzativa era stata resa possible da una operazione culturale che aveva accreditato la rappresentazione ideológica, secondo cui l'attività di applicazione delle leggi può, e potendo deve, essere attività meccanica e meramente técnica. Rappresentazione ideológica la quale, nella misura in cui veniva accolta dal ceto giuridico, serviva a deresponsabilizzare (in senso politico) il ceto giuridico stesso; e in qanto accretitata tra i giudice, serviva a sterilizzare la magistratura come corpo politico" — TARELLO, 1974, p. 476.
(57) Cf. COUTURE, 1958, p. 67-68 e sua nota 6. Do mesmo modo, para o declínio da separação, KELSEN, 1980, JELLINEK, 1954, p. 451 *et seq.*, GARCÍA PELAYO, 1959, p. 154, 283, 350, 557; CARNELUTTI, 1955, p. 82, n. 27. No sistema brasileiro, as atenu-

Não resta a menor dúvida de que a divisão dos poderes é explicada na proteção aos direitos individuais[58]. O que se nota, como no caso das sentenças normativas, em que se joga com interesses não individualizados ou transindividuais, no dizer de *Radbruch*, é que, aí, se nos depara um dos sintomas atenuativos da rigidez divisional dos poderes. Nada impede que se avance um pouco mais, para afirmar que a divisão clássica não se entende bem com a categoria nova dos interesses coletivos, objeto de reconhecimento, tutela e, portanto, de juridicização posterior do Estado moderno.

Na verdade, a técnica estatal, que se construiu para a cobertura dos direitos individualmente constituídos, conturbou-se em face das injunções coletivas das classes trabalhadoras e, jogando ainda com dados tradicionais de criação jurídica — experiência legislativa antiquíssima, jurisdicional e administrativa —, entrelaçou-as, amparando-se em soluções ecléticas. Em um Poder fez-se enxertar a edição de atos peculiares a outro, conquanto se respeitassem os processos técnicos da construção formal inerente a cada um.

Trata-se aqui do mundo do direito. A vida é a vida jurídica, e jurídica a sua construção. Nos seus alicerces, portanto, assenta-se a teia normativa, clara, retesada, firme, cujo processo de entrelaçamento só foi possível através da lei. Por ela se armou, dentro de sua força generalizante, de sua permanência, de sua irradiação abstrata, a contextura menos precária mas germinativa e atuante das relações jurídicas do ordenamento. Na lei, sobretudo, passou a realizar-se a coesão de energias, centrifugamente dirigidas, que legitima os processos ulteriores da criação jurídica.

Se não se pode acoimar a sentença normativa de processo remanescente, porque não nasceu do silêncio da lei[59], mas de sua vontade expressa (Constituição 67/69, art. 142, § 1º e art. 114 da Constituição de 1988), ela o é, todavia, ulterior no sentido de que à lei ordinária, editada pelos corpos legislativos, se reservou a preeminência da função cria-

---

ações: SÁ FILHO, 1959, p. 81 *et seq*.; VIANNA, 1938, p. 227; ANTUNES, 1955, p. 77 e 82. Cf. ainda Acórdão do Tribunal Superior do Trabalho, Processo 3645-55, Rel. Min. *Astolfo Serra*, publicado em *Trabalho e Seguro Social*, jan.-abril-1956, n. IV, p.146 *et seq.*, onde se debateu matéria visceralmente tratada nessa tese. Cf., ainda, GOTTSCHALK, 1944, p. 425 *et seq*.; FERREIRA, 1955, p. 573 *et seq*., t. 2; MIRANDA, 1953, t. 2, p. 188 *et seq*.; LEAL, 1960, p.179, ns. 1 e 2; CATHARINO, 1958, p.18, n. VI.
(58) Cf. GARCÍA PELAYO, 1959, p. 153 e ETKIN, 1948, p. 7.
(59) LA MORANDIÈRE, ESMEIN, LEVY-BRUHL, SCELLE, 1951, p. 46.

dora do direito. A função preencheu-se, como se viu, orgânica, histórica e ontologicamente, com a prática judicial. Esta se realiza com dados daquela no direito objetivo. Os princípios teleológicos, que governam uma e outra, patenteiam-no[60].

Quando a Constituição concede poderes à Justiça do Trabalho para editar, em sentenças normativas, regras gerais, permanentes, constitutivas, dispositivas ou implicitamente interpretativas, nas relações de trabalho, significa, antes, que a plenitude do ordenamento jurídico tem as sentenças normativas como um fator complementar, que não deixa de ser substancial, de integrar-se o ordenamento jurídico e de realizar-se a justiça social. Ora, às categorias profissionais e econômicas outorga-se, pelos sindicatos de classe, o direito público subjetivo de acionar essa forma com que se intenta a completude do ordenamento. Por outro lado, a Constituição passa à lei ordinária a competência para indicar formas através das quais se chegará à sentença normativa, como dado integrativo do ordenamento jurídico (art. 141, § 4º da Constituição de 67/9 e art. 114, § 3º, da Carta de 1988). O cometimento de competências, no Estado de Direito, é fundamentalmente constitucional. Abre-se, aqui, o campo onde se alojará determinada função estatal. A organização interna dessa competência, seus graus de realização, suas limitações, transportam-se à obra do legislador ordinário e não à discrição jurisdicional.

O juiz, assim como o legislador, vincula-se à Constituição, mas em posições diferentes. A tarefa da construção do direito se dirige primeiro a este. Na da realização, àquele. Por isso, ambos são, distintamente, órgãos da soberania. Qualquer inversão ou exceção às posições históricas e jurídicas de um ou de outro hão de vir prefixadas na Constituição.

Histórica, pois, filosófica, social e juridicamente, a sentença normativa não se destina a substituir a lei, nas relações de trabalho, mas à faculdade negocial das partes, quando, no que reservou a lei à sua autonomia, falham as perspectivas amigáveis de comporem a divergência de interesses. Na formação da sentença normativa, a vontade estatal só se pronuncia depois de invocada (CLT, art. 856)[61]. Por isso, diz-se que,

---

(60) JELLINEK, 1954, p.464; MIRANDA, 1953, t. IV, p. 72. A apreensão desse fenômeno encontra-se magistralmente feita por *Délio Maranhão*, no Tribunal Superior do Trabalho, que se pode compendiar em uma translação jurídico-ontológica lapidarmente cunhada, segundo a qual não é um Poder que limita outro Poder, mas uma fonte de direito que limita outra fonte, hierarquicamente.
(61) BALLELA, 1933, p. 378-382; PUECH, 1960, p. 324-5.

nas sentenças normativas, o órgão judicial *substitui* a vontade privada das partes, mas não para fazer atuar o direito subjetivo, a norma (*Calamandrei*), e sim para constituí-la[62].

Com a edição e a adoção dos precedentes normativos, como forma de simplificar, padronizar e acelerar o julgamento dos dissídios coletivos e já previamente ter equacionadas as cláusulas pretendidas ou contestadas pelas partes (há dissídios com mais de cento e cinqüenta cláusulas, as mais minuciosas e até específicas para determinadas categorias e determinadas regiões), o juízo como de eqüidade perdeu o seu significado para fincar-se no modelo do precedente, o do *rigor aequitas*, com sua tipicidade individuada como se lei de grupo fosse[63].

Vidal Neto chama a atenção para o fato de que os precedentes têm efeito de *fontes de direito* no plano objetivo e prático[64], para mais adiante enfatizar que a interpretação do direito e o papel criador dos tribunais já se integraram como "patrimônio jurídico na metodologia jurídica e nada, ou pouco, inova. Os juízes continuam a proceder hoje como sempre procederam"[65].

A sentença normativa, no plano do direito público, avançou no sentido de ainda mais conturbar a construção estatal dos poderes diversificados em razão das funções, esmaecendo-se as linhas de nitidez que correm entre eles pelo fato de cumular, no Poder Judiciário, funções tipicamente legislativas, além das que lhe são inerentes. No fundo, o problema é de adaptação da técnica jurídica à formação de novos núcleos estatais de captação normativa. Moveram-no imperativos sociais específicos, que se impõem à política jurídica.

Se norma alguma faz atuar a sentença normativa, como fonte de direito, é apenas aquela que está na base da faculdade concedida às partes de suscitarem dissídios coletivos e dá ao Estado, correspondentemente, o poder de proferi-la[66]. O Tribunal do Trabalho é o destinatário de normas instrumentais e os *súditos*, no caso, as partes, como categorias representadas pelos sindicatos, de normas materiais. Não existem, na verdade, normas de conteúdo material impondo-se aos Tribunais, como

---

(62) D'AGOSTINO, 1938, p. 170-1.
(63) Veja-se em paralelismo o que ocorreu na Inglaterra no Século XVIII, em LOPES, 1993, p. 97-8 e 100-1.
(64) VIDAL NETO, 1983, p. 122.
(65) VIDAL NETO, 1983, p. 123.
(66) D'AGOSTINO, 1938, p. 173.

estrutura e limites na integração das sentenças normativas[67]. São normas atributivas de poderes formais, bastantes e necessárias à constitutividade do direito material, que as partes acaso venham a postular.

Nada impede, porém, que a lei estabeleça normatividade para fatos que poderiam ser objeto de dissídios coletivos. Dirige-se ela, na realidade, à autonomia das partes e não especificamente à do Tribunal. De qualquer maneira, há um campo legiferante residual da Justiça do Trabalho, que estatui: "Nos dissídios sobre estipulação de salários, serão estabelecidas condições que, assegurando justo salário aos trabalhadores, permitam também justa retribuição às empresas interessadas" (art. 766/CLT) — *aequitas maxima*.

Hierarquicamente, o preceito não esconde o mesmo sentido programático de que tratava o art. 160, II, da Constituição de 1967/69 e de que tratam os incisos III e IV do art. 1º da Constituição de 1988, quando determina se organize a ordem econômica, conforme os princípios da justiça social, conciliando a liberdade de iniciativa com a valorização do trabalho humano.

Vê-se, perfeitamente, que os fundamentos da edição das sentenças normativas acabam por afetar a próprio conteúdo da regra a compor-se nos Tribunais do Trabalho. Na verdade, são preceitos vagos, mas que, pelo fato de assim o serem e de haverem deixado seu preenchimento, nas sentenças normativas, aos Tribunais do Trabalho, não trazem consigo a impossibilidade jurídica de se editarem leis que lhes apertem ou modifiquem o conteúdo, impondo ou excluindo determinadas situações fáticas à constitutividade jurídica.

É o que se deu, por exemplo, com a Lei n. 2.510, de 20 de junho de 1955, cujo art. 1º dispunha: "É defeso à Justiça do Trabalho, no julgamento dos dissídios coletivos, incluir, entre as condições para que o empregado perceba aumento de salário, cláusula referente à assiduidade ou freqüência no serviço".

Essa lei, depois de sua inconstitucionalidade declarada pelo Tribunal Superior do Trabalho, foi tida por válida pelo Supremo Tribunal Federal[68].

---

(67) D'AGOSTINO, 1938, p. 173. Cf. também CATHARINO, 1951, p. 390, n. 257.
(68) No TST, travou-se acirrada controvérsia de alto teor jurídico, prevalecendo a tese da inconstitucionalidade. Os votos, vencidos como vencedores, dignificam uma Corte de Justiça (cf. *Trabalho e Seguro Social*, v.I, jan.-abril-1956, p.146 *et seq.*). CARVALHO, 1958, p. 64 *et seq.* Um dos acórdãos do Supremo Tribunal, pela constitucionalida-

O disposto no art. 1º, da Lei n. 2.510/55 atuava como norma imperativa impeditiva, que se dirigia, na realidade, não à faculdade normativa dos Tribunais do Trabalho, mas à vontade das partes, na postulação do dissídio. Tratava-se de regra, por outro lado, ainda que dirigida ao órgão juridicante, restritiva da do art. 766, da CLT.

A Lei n. 2.510/55 excluía de *todos* os dissídios, independentemente dos particularismos jurídicos que se constituíam em função da regionalidade ou de situações específicas de determinados grupos de empregados ou empregadores, para além da vontade das partes, uma *condição* ou um *fato* sujeito a normatividade. Arrancou, nos dissídios coletivos, à falta de assiduidade qualquer efeito jurídico específico. É suporte fático que não pode juridicizar-se, para efeito de retirar do empregado o benefício do aumento concedido ou outro qualquer. Cassou-lhe a lei, à assiduidade, o efeito negativo, com vistas a todos os empregados do território nacional. A expansão da lei, aí, visou a situações grupais ou territoriais inespecíficas. Exercitou o legislativo função claramente prevista no art. 157, da Constituição Federal de 1946.

O regramento das relações de trabalho, por meio de garantias mínimas, em preceitos cogentes, de ordem pública — nas chamadas leis imperativas —, pertence, antes de tudo, ao legislador ordinário, quando antes não o tinha feito diretamente a então Constituição de 67/69 (art. 165, inciso IV). Para isso é que se dirige ao legislativo a regra programática constitucional[69]. A ele incumbia, privativa e *imediatamente,* realizar o conteúdo programático da Constituição, em suas normas fundamentais concernentes à "ordem econômica e social".

O princípio básico de tal conteúdo revitalizou-se na Constituição de 1988, em seu art. 7º.

Quem regula, pois, as condições mínimas, em que se deve prestar trabalho subordinado, as condições básicas das relações de emprego, é a lei, e isso sob mando constitucional. A lei, portanto, fixa os limites mínimos entre *trabalho prestado e salário devido.* Quem diz *interrupção* ou *suspensão* do contrato de trabalho, e os respectivos efeitos, a que devem curvar-se as partes, é a lei (CLT, arts. 471 a 476). Quem diz

---

de, veja-se: Recurso Extraordinário n. 35.041, Rel. Min. *Mota Filho, Repertório de Direito do Trabalho e Previdência Social,* no TST, do Min. *Délio Maranhão,* que prevaleceu no Supremo, encontra-se em sua obra SÜSSEKIND, MARANHÃO, VIANA, 1957, v. 2, p. 287 *et seq.*
(69) Cf. HORTA, 1960.

que o empregado, trabalhando, perceberá, no mínimo, tanto, e, não trabalhando, em determinadas condições, perceberá assim mesmo é a lei. A *assiduidade* é matéria regulada na lei. É uma das cláusulas básicas do contrato de trabalho, cuja importância levou o legislador a reter o regramento de seus efeitos (a Lei n. 605, art. 6º, por exemplo). No seu cuidado, é inoperante a vontade das partes, a auto-regulação entrecortada no art. 444 da CLT[70], ressalvando-se o princípio da norma mais favorável que é vinculante.

Não se pode esquecer que o Direito do Trabalho parte de pólo diametralmente oposto ao Direito Civil: as cláusulas contratuais são ajustadas pelas partes no que a lei lhes faculta. A lei imperativa vem antes; a supletiva, depois — o que é curial!

Nas sentenças normativas, o ato não é estatal puro, mas de natureza mista. Há participação, nele, de vontade privada. Seu conteúdo, num ramo do Direito em que atuam normas em sua quase-totalidade imperativas, se elaborado na relação jurídica processual, onde não se omite a manifestação da vontade privada, das categorias conflitantes. Essa circunstância, por si, bastaria à submissão material da sentença normativa à lei.

Mas o argumento formal também não é de pouca monta e diz respeito à construção do mundo jurídico.

O meio regular de se editarem regras de direito gerais, permanentes e abstratas, dá-se através dos corpos legislativos, para isso instituídos pela ordem política. É o que assegura a validade formal de toda a estrutura jurídica do Estado.

Excepcionalmente, como nos regimes políticos de concentração de poderes, pode faltar à norma o seu aspecto exterior de construir-se. Norma só fica sendo *materialmente.* Tais atribuições, excepcionalmente, podiam ser cometidas ao Judiciário, em determinadas situações jurídicas[71] (Constituição Federal de 1967/1969, art. 115, inciso II, primeira parte e a CR/88, no § 2º do art. 114).

A sentença normativa é meio anormal, portanto, excepcional, de formalmente se editarem regras gerais, no ordenamento jurídico. A captação do regramento desloca-se para um Poder de natureza diversa,

---

(70) CATHARINO, 1951, p. 401.
(71) SÁ FILHO, 1959, p. 323 *et seq.*

incaracterizada nessa função, que é o Judiciário. Formalmente, os Tribunais do Trabalho exercem atividade originária e inerentemente característica dos órgãos judiciais — desde o que provocou a sua manifestação, com a pretensão configurada, o direito de ação — e, depois, os atos procedimentais encadeados no contraditório, até o conclusivo (a sentença normativa). Já o resultado material dessa atividade (a sentença normativa) é, no plano hierárquico da criação de normas, remanescente, e se conterá nos limites que àqueles Tribunais deixou o Poder política e juridicamente originário e competente para legislar.

Do ângulo do ordenamento jurídico, a atividade dos Tribunais comporta-se com plena autonomia jurisdicional. Órgãos da soberania, o ordenamento confere-lhes prerrogativas fundamentais, que vão da administração da justiça pelo zelo e observância, sobre os demais Poderes, do princípio da legalidade, que vem da Constituição[72]. Aqui, há encontro total do órgão com a função, o que antes já se precisou no texto das Cartas de 1937 e 1946. Quando, porém, se volta para a função normativa, não mais estão os Tribunais exercendo função específica sua, porém função esdrúxula, na atividade jurisdicional e da alçada de outro poder. É construção de regra jurídica abstrata e, como tal, hão de eles obedecer ao elementaríssimo princípio da hierarquia das normas. Daí *Délio Maranhão* haver dito, com muita pertinência, que a *limitação* está na *fonte,* na natureza do ato a constituir-se e não no *poder*[73].

A edição de normas abstratas pela Justiça do Trabalho não se define por delegação de poderes. Deu-se, sim, diretamente, pela Constituição, a criação de uma função inespecífica na competência ordinária dos Tribunais do Trabalho (art. 114, § 2º da CR/88). Quem delega função é o Poder que originariamente a possui. A delegação envolve a existência do exercício da *função* pelo *Poder.* Aqui, não se trata disso. Se os Tribunais do Trabalho editam regras abstratas, gerais, permanentes, regulando — quais as leis de incidência limitada — situações jurídicas grupais, o fazem sob direito e originário mandamento constitucional. Trata-se de ato cuja competência já vem inicialmente distribuída na Constituição, se bem que excepcional em face do Poder a que o destinou.

Quando, porém, se invoca, na manifestação dos Tribunais do Trabalho, a sentença normativa como resultado de uma atividade soberana, fundada diretamente na Constituição, não se pode limitar a isso a exege-

---

(72) SÁ FILHO, 1959, p. 294 *et seq.*
(73) SÜSSEKIND, MARANHÃO, VIANA, 1957, p. 590.

se constitucional, olvidando-se a construção do ordenamento jurídico, em suas linhas harmoniosas, pelos conteúdos histórico-políticos que presidiram à criação dos três Poderes e lhes outorgaram as funções, dentro, certamente, do espírito teleológico que preside à criação de toda a instituição humana, normalmente o direito[74]. A interpretação sistemática, no caso, elucida a questão, dando sentido unitário ao ordenamento. Daí o não ser absoluto o poder normativo da Justiça do Trabalho, como, aliás, tem sido reconhecido[75].

De acordo com a própria Constituição, o conteúdo fático, a matéria vital em que incidirá a norma coletiva, aqueles dados de fato, portanto, em que se entrelaçarão os efeitos da regra jurídica, poderão ser especificados em lei (art. 141, § 1º da Constituição de 67/69 e as reservas competenciais contidas no art. 7º da CR/88). Há subordinação de suportes fáticos, que comporão a sentença normativa, sob a lei, para se empregar a formulação de *Pontes de Miranda*[76].

A competência originária e geral e a função, a que historicamente se deve a criação do respectivo Poder, estabelecem a precedência desse Poder sobre a atividade. O exercício de atividade diversa, que é excepcional, interpreta-se restritivamente, dentro da linha expressa aberta pela Constituição de 1988, cujo art. 36, § 1º, autoriza tal entendimento.

Nos dissídios coletivos econômicos, que mais vivamente nos interessam, as partes apresentam os fatos, pedindo a criação de efeitos jurídicos. Daí a sua natureza dispositiva. Juridicizando-os, os Tribunais do Trabalho asseguram-lhes os efeitos postulados ora por uma parte, ora por outra, impregnando-se a sentença normativa daqueles efeitos característicos da natureza do ato concessor: a generalidade, a permanência, a compossibilidade, que se revertem pela eficácia *erga omnes*[77].

As sentenças normativas, como resultantes da participação da vontade das partes e do Estado na formação do ato jurídico, não poderão ir além do que lhes reservou a lei. A esfera competencial ou de autonomia, na sua edição, é restrita.

Este é o mundo jurídico-estatal em que se legitimou e atuou a sentença normativa à luz da Constituição Federal de 1967/69, instituição

---

(74) MAXIMILIANO, 1951, p. 188 *et seq.* e 378.
(75) Acórdão do TST, publicado em *Trabalho e Seguro Social*, jan./abr., 1956, p. 147-8.
(76) MIRANDA, 1954, p. 19, § 7º, t. 1. Cf. *Trabalho e Seguro Social*, jan./abr., 1956, p.152, no acórdão do TST.
(77) Acórdão do TST, publicado em *Trabalho e Seguro Social*, jan./abr., 1956, p. 154.

que se transplantou para a Carta de 1988, embora vulnerabilizada em seus contrapontos pela maior hegemonia transferida ao poder negocial das partes, pela convenção coletiva (ou acordo coletivo), o que jamais excluiu, entretanto, no sistema revogado tal poder negocial, pelo instituto da conciliação (CLT, arts. 764 e § 3º, 862 e 863), conquanto excepcional e pontualmente tosquiável pela intervenção estatal no ato da homologação.

Mas já aqui, mesmo sob o curso estipulado de se solucionarem os conflitos coletivos de trabalho, sente-se a preservação e a prioridade da autonomia privada, da negociação pelo juízo conciliatório que assegurou sempre, às partes, a prioridade de, por acordo, encerrarem o dissídio. O caminho sinérgico-estatal sempre desponta como forma anômala, subsidiária de se resolverem tais conflitos, ainda que ajuizados pelo dissídio coletivo.

Chega-se, então, às margens da outra vertente com a proposta de as partes, pela negociação direta — a convenção coletiva —, ganharem postura mais elevada, pela Carta de 1988, o que vem a tornar fundamente questionável a intervenção estatal, pelos Tribunais do Trabalho, na solução dos conflitos coletivos. A hipótese aqui tem natureza diversa da aberração constitucional fixada no § 2º do art. 114 da CR/88 pela EC 45/04, ainda que esteja, como se afirmou, em sua origem, um incentivo à negociação direta.

O valor da convenção coletiva como *lei da categoria organizada* foi antevisto por *Duguit*, mas a partir de um pressuposto: o de que o seu valor só seria consolidado quando os sindicatos tivessem adquirido uma estrutura vigorosa e quando se constituíssem de um número significativo de pessoas que conformasse um corpo juridicamente organizado[78]. E ele concluiu com a seguinte profecia:

> Quando acabará esta evolução? É difícil dizer; mas tudo parece indicar que está próxima de realizar-se. Ainda que não tenha chegado ao fim, o Parlamento não pode intervir de modo útil. Em todo caso, sua intervenção só será eficaz quando se afaste das influência das idéias individualistas de contrato e de mandato e se inspire unicamente na noção de regra convencional que se aplica às relações de dois grupos sociais[79].

---

(78) DUGUIT, 1975, p. 83.
(79) "Cuando acabará esta evolución? Es difícil decirlo; pero todo parece indicar que está próxima a realizarse. Mientras no haya llegado a su fin, el Parlamento no puede

Não só se afasta o Estado, como *potentior persona*, mas, também, como que são revertidas às categorias profissionais e econômicas a responsabilidade e a possibilidade de encontrarem o denominador mais adequado ou justo ou *aequo* para dirimir conflitos entre capital e trabalho, sob o princípio realístico da concreção: as peculiares condições de trabalho e da empresa, em suas bases reais como fatores de acionamento dos princípios cardeais estatuídos na Constituição Federal de 1988, em seu art. 1º, n. IV (uma ressonância do que já vem, desde 1943, no art. 766 da CLT).

Com mais de quinze anos de vigência, a Constituição da República, de 05 de outubro de 1988, autoriza uma revisão político-jurídica no que diz respeito ao poder normativo da Justiça do Trabalho, como meio de solução dos conflitos coletivos de trabalho.

O requestionamento do problema impõe-se não apenas como uma linha a mais do filão de pesquisas e levantamentos doutrinários em torno das várias espécies de soluções para estes conflitos, mas por razões factuais decorrentes dos quadros constitucionais vigentes e o comportamento sociopolítico, profissional e jurídico de todas as categorias ou grupos envolvidos no sistema geral de produção ou implicados em relações de trabalho da mais variada espécie, como os servidores públicos.

A mais recente experiência e a observação o tanto quanto possível neutra de todos os movimentos de trabalhadores (estaduais, aliás, mais que os das empresas privadas), já desde antes da promulgação da Carta de 1988, encaminham o analista para a suposição de uma ordem social perplexa em suas diretrizes jurídicas, em que a estrutura estatal, responsável, *ultima ratio*, pelas linhas básicas da organização das relações de trabalho, não primou por um sentido uniforme e coerente na disciplina das vigas mestras que devem presidir o fluxo dessas relações.

As causas da generalizada irrupção, dos conflitos, das greves e suas mais variadas formas de solução encontram ressonância no próprio teor da Constituição de 1988, ao acentuar — e até multiplicar — junto do incondicionado direito de greve (à exceção dos servidores estatais) — os meios ou caminhos de se solucionarem os conflitos coletivos de trabalho.

---

intervenir de útilmente. Em todo caso, su intervención no será más eficaz que quando se subtraiga a la influencia de las ideas individualistas de contrato y de mandato y se inspire únicamente en la noción de regra convencional que se aplica a las relaciones de dos grupos sociales" — DUGUIT, 1975, p. 83.

Sentença normativa e convenção coletiva são ductos concorrentes para se solucionar conflitos coletivos do trabalho. Isto é elementar[80].

O que importa, no equacionamento do tema, é buscar a sintonia de um ou de ambos destes ductos — ou de ambos! — com o ordenamento jurídico, a política jurídica por ele expressa, a par de seu comportamento com reconhecimento de formas privadas de pressão, agudas até como a greve e de outros canais que levem ao mesmo fim.

Repise-se que a sentença normativa é um meio anormal, portanto, excepcional, de formalmente se editarem regras abstratas no ordenamento jurídico. A captação do regramento desloca-se para um poder de natureza diversa, incaracterizada na sua função, que é o Judiciário.

A compatibilidade assenta-se na contextura geral da ordem jurídica implantada, em que a sentença normativa pode tornar-se anômala na resolução de conflitos coletivos, resolução que só encontrará compatibilidade em outros meios idôneos, técnica e politicamente, sobretudo a convenção coletiva, a que se chega pela negociação e pela arbitragem[81], sobremodo a facultativa, com o que se respeita, aqui, a autonomia coletiva, princípio basilar do Direito Coletivo do Trabalho, como acentua *Krotoschin*, já lembrado.

Como regra estatal — proferida em dissídio, por um Tribunal —, a sentença normativa significa a alienação da autonomia grupal. Não se coaduna com o exercício desta autonomia.

Pode-se, por outro lado, conceber o exercício da função jurisdicional estugada por um conflito, em que um dos contendores, mesmo depois de proferido o julgamento, não arreda o pé da resistência e da pressão, sob a forma de greve?

Há paradoxo no exercício do Poder Normativo: de um lado, substitui ele a autonomia das categorias profissionais e econômicas para extinguirem seus conflitos e, de outro, em intensa intervenção estatal, perde ele (o Poder Normativo) toda a sua substância e a sua virtualidade, com a absorção pela lei de sua faculdade genetriz de normas e condições de trabalho, como se viu, em seu esvaziamento, sob o lume da Constituição Federal de 1967, mormente após a Emenda n.1, de 17 de outubro de 1969 e processualmente *natimorta* agora com a EC 45/04.

---

(80) Cf. MORAES FILHO, 1960, p. 188 *et seq.*
(81) Sobre a arbitragem e a solução negociada de conflitos na Espanha, cf. BALLESTER PASTOR, 1993.

Sente-se que algo de esdrúxulo ocorre com os dissídios coletivos, o que volta a evidenciar-se, pelo lado oposto, à luz da Constituição Federal de 1988.

José Luiz de Vasconcelos aponta algumas dissonâncias — sem chegar a confrontalidades — entre normas, espírito, sentido e filosofia da Constituição Federal de 1988 e a solução dos conflitos pelo Poder Judiciário, a Justiça do Trabalho.

Sabe-se que, nos dissídios coletivos econômicos, cria-se norma que juridiciza fatos. Com juridicizar fatos, pelas chamadas "cláusulas normativas", a sentença normativa vem a ter a mesma função que a lei, compreendidas a generalidade e a abstratividade no âmbito das categorias conflitantes. Daí o dizer que a sentença normativa é dispositiva ou constitutiva, no tocante aos dissídios econômicos (que compõem a sua maior substância senão a sua quase-totalidade).

Com suporte no art. 93, da Constituição, *José Luiz Vasconcelos* reconhece que

> as decisões normativas geralmente adotadas por critérios opinativos ou de antecedentes, implicarão num aprofundamento técnico a que os tribunais não estão afeitos, senão sob o prisma jurídico[82].

Escapa aos juízes o conhecimento situacional, carencial, transigível das partes em dissídio (as categorias, pelas empresas e pelos empregados), o que reverte para as convenções coletivas ou para os acordos de fábrica (ou de empresa) uma direção opcional senão ótima ao menos mais consentânea com a complexa realidade que se vai equacionar.

Frederick Harbison e *John Coleman* trazem excelente contribuição para este problema, expondo, mas a nível de sindicalismo maduro e responsável:

> As partes iniciam as negociações com um conhecimento sofisticado das necessidades da outra parte e com razoável idéia das reações possíveis em resposta a determinada exigência. Os líderes sindicais, por exemplo, geralmente fazem uma completa avaliação da situação financeira e de concorrência da companhia e têm a compreensão dos problemas pessoais que enfrentam os diversos administradores na organização da empresa. De sua parte, os dirigentes da empresa estão bem informados sobre os meandros

---

(82) VASCONCELOS, 1990, p. 155.

da política do sindicato e perfeitamente avisados das aspirações e necessidades dos dirigentes e representantes sindicais. Esse tipo de compreensão parece resultar, de um lado, em crescente ênfase sobre a negociação factual e, de outro lado, em grande volume de concessões íntimas[83].

Para que a sentença normativa, nos dissídios econômicos, assumisse foros de correspondência com os *desiderata* que pretende alcançar, seria necessário se transpusessem os juízes integralmente para os campos situacionais do conflito e o tivessem vivido e o vivessem em sua completa integralidade temporal e espacial (que se faça o pleonasmo, ainda eufêmico). Tais parâmetros, entretanto, escapam a sua experiência profissional e pessoal.

Dentro da avançada acepção de *Luhmann*, são muito diversos os *papéis* em que se encontram os negociadores das convenções coletivas e os em que se encontram os Juízes dos Tribunais do Trabalho, embora se intente manter a dualidade de formas de resolução dos conflitos coletivos e por normas que tendem ao mesmo fim e tenham o mesmo objeto[84].

Acontece que o requisito técnico nos dissídios econômicos somente aparece no que diz respeito ao procedimento, já que o conteúdo da sentença normativa — salvo se expressa e diretamente circunscrito por lei — fica praticamente no arbítrio de juízes e Tribunais do Trabalho, como dispõe o § 2º do art. 114 da mesma Constituição, o qual, por ângulo adverso, duplica as normas prioritárias, que podem afastar regras de conteúdo dos dissídios, ao ressalvar:

> "podendo a Justiça do trabalho estabelecer normas e condições, respeitadas as disposições convencionais e legais mínimas de proteção ao trabalho" (*verbis*).

Técnica e estritamente, o precedente é extraído e condensado do conceito, dos contornos jurídicos precisados do preceito, enquanto norma em sua eficácia direta. Nele predomina o teor abstrato-formal da coisa, com reflexos e repercussões nos casos compreendidos em sua esfera de definição e de captação. Já as súmulas, as OJ's, os Precedentes Normativos (PN) dirigem-se às hipóteses correntes em sua concreção e em seu fluxo iterativo e lhes dão um conteúdo finalístico também concreto e específico.

---

(83) Cf. sua obra HARBISON, COLEMAN, 1963, p. 78-9.
(84) Cf. LUHMANN, 1980, p. 55 *et seq*.

Contornam-se na esfera do coletivo, para afeiçoar uma norma a um caso, caso que é suporte de interesse e de exigibilidade também concretos. As súmulas, OJ's, os Precedentes Normativos devem suceder-se em cadeia harmônica e podem compor um princípio jurídico teleologicamente dirigido à solução das rupturas, das contrapartidas objeto do dissídio coletivo em sua sucessão de pretensões e de resistências que a elas se opõem.

Não se distinguem súmulas e OJ's apenas pela finalidade específica, que coincide com a natureza do órgão editor quanto a seu campo de apreensão e de definição concreta, não comportando, porém, contradições internas.

Sob o plano da dinâmica procedimental, súmulas, OJ's e Precedentes Normativos se irmanam em que integram uma cadeia prevenindo hipóteses e soluções, sejam de fato, sejam de direito, embora tais duas faces da medalha sejam incindíveis pois tratam de questões da vida em curso no contrato de trabalho que se juridicizam e que ganham, por isto, certeza e eficácia[85].

Permuta-se, no caso, a força do *engessamento* pela garantia da solução apaziguadora. Poder-se-ia argumentar *ex absurdo* com o encontro do princípio da eqüidade com a especificidade do fato, o que preserva em cada caso a despeito de sua diversidade o *iter* regular da atividade empresa. As súmulas, as OJ's e, especialmente, os Precedentes Normativos representam um resultado da experiência de ângulos eqüitativos[86].

Ao juízo de eqüidade, em que se formula a norma coletiva nos dissídios econômicos, cabe respeitar as "disposições convencionais mínimas", uma novidade a ser decifrada.

A expressão disposição convencional não é de uso corrente em Direito das Obrigações, abrindo-se-lhe tal oportunidade, no direito privado, no direito das sucessões: disposições testamentárias ou disposições de última vontade.

Toma-se o termo disposição, juridicamente, como aquela proposição de natureza legal, que compõe um corpo de leis. Portanto a dispositividade está visceralmente ligada ao ordenamento jurídico como aptidão

---

(85) Cf. o excelente *aperçu* de LOPES, 2002.
(86) Cf. com aguda impostação e largo desdobramento em abrangência do problema, em sua conotação direta e objetiva, sem perda de seus fluxos teleógicos, LOPES, 2003.

e atuação na criação ou modificação de relações jurídicas, institutos jurídicos, em âmbito geral e/ou abstrato.

Se a Constituição remeteu, ou conectou a expressão disposição convencional às convenções coletivas, exigiu ela um extraordinariamente longínquo poder de inferência do intérprete e do aplicador, pois a regra convencional está ligada à autonomia privada e através de atos negociais os mais diversos: dos individuais aos coletivos.

Ao aludir a disposições legais, o § 2º do art. 114 da Constituição Federal de 1988, como que se volta, a nível de paradigmia aos arts. 142, § 1º da Constituição de 1967, com a Emenda n. 1, de 17.10.69 e art. 123, § 2º da Carta de 1946, mas não para limitar, ao contrário, para colocar a lei em um plano mínimo de concessão de direitos — pois fala em respeitadas as disposições legais. Assim, a vedação não se dá de baixo para cima, mas de cima para baixo, ou seja, a lei assim como as disposições convencionais estabelece conteúdos mínimos que devem ser intocados pela sentença normativa.

Neste plano, o Constituinte de 1988 nada inovou e voltou aos quadros hegemônicos do art. 444 da CLT, mas, fugindo à força imperativa pura de aplicação automática da lei, substitui-a pelo princípio da tutela do trabalhador, com a aplicação preferencial da norma mais favorável ou da condição mais benéfica.

Daqui, parte-se para uma indagação mais aprofundada e geral, em que se inquire se a própria Constituição não acaba por entender anômalo e estranho o então "poder normativo da Justiça do Trabalho". É o que sucintamente se exporá, em conclusão.

Ao lado do citado § 2º — que atira a sentença normativa para uma condição de fonte subsidiária de direito —, o art. 114 da Constituição Federal de 1988 tonaliza a atividade dos Tribunais do Trabalho em conciliar e julgar os dissídios individuais e coletivos e controvérsias correlatas.

A operação a que deve se entregar o juiz do trabalho é a de julgamento, ultrapassado o momento conciliatório. Tal operação, ínsita na função jurisdicional, tem natureza decisória, como a revela peculiar ao Poder Judiciário Lopes da Costa, em lúcida passagem:

"O poder característico do juiz é o poder jurisdicional de decisão e de execução (poder de declarar o direito e forçar a sua realização)"[87].

---

(87) Cf. COSTA, 1982, p. 72.

Aliam-se a isto o *contraditório*, a *ampla defesa*, a precondução pela lei (CR/88, art. 5º, II e LV).

Dentro do princípio da captação sistemática da regra constitucional, não há negar que a Carta de 1988, a despeito de manter o poder normativo da Justiça do Trabalho, cria-lhe dificuldades de passagem e o situa em terreno movediço e precário, quando sempre insiste na convenção ou no acordo coletivo como forma prioritária de se resolverem os conflitos de trabalho, tanto os individuais plúrimos quanto os propriamente coletivos (art. 7º, XXVI, VI, XII, XIV, art. 8º, VI).

Pelo § 1º do art. 114 injetou-se no especial terreno da competência da Justiça do Trabalho a arbitragem facultativa, prévia ao dissídio coletivo, que só se autoriza se as partes se recusarem à negociação ou à arbitragem (§ 2º)[88].

Como que bloqueando o exercício desse poder normativo, esponta agudo o art. 9º da mesma Constituição, que desaba pelo irrestrito poder de greve (não se fala em direito de greve), atraindo o Poder Judiciário, casualmente, para uma operação meramente declarativa, em seu § 2º, com a atribuição de dizer se houve ou não abuso no exercício desse poder, com supostos palidamente definidos na Lei n. 7.783, de 21 de junho de 1989.

É de curial sabença que, em greve a categoria profissional, depois de decidido o dissídio, se esta greve perdura, ela se dirige não mais como um meio coercitivo contra o empregador, mas contra o próprio Tribunal, o que redunda em proverbial absurdo, para não se evocar a legislação dos países industrialmente mais avançados[89].

Se a greve é uma força conducente à elaboração e à conclusão de uma norma coletiva, fisionomizando-se como seu momento conflitual mais agudo, torna-se muito difícil compaginá-la com a atividade judicial, o *iter* processual, a *jurisdictio*, para atingir-se o mesmo escopo e ainda para não argumentar com os desbordamentos dos movimentos grevistas, sua degeneração desvirtuadora e pendente uma lide coletiva.

Como um surto umbelical e agudo nos conflitos coletivos, a greve atua como fator de pressão em sua solução, mormente em torno de condições salariais como, em um lance, expõem *Hanau-Adomeit*:

---

(88) Cf. a clássica obra de MITSOU, 1958, p. 19 *et seq.*
(89) Aliás, isto é o que se pode ver em MARMIER, 1975, p. 42 *et seq.* e, ao acaso, DE BUEN, 1986, p. 71 *et seq.*

"Este é o elo seguinte entre o direito dos coflitos do trabalho e o direito coletivo do trabalho"[90].

Infere-se, claramente, da colocação dos autores germânicos que a questão salarial se aninha no cerne dos conflitos do trabalho, como uma vinculação subseqüente destes naquela, a dificuldade em que se encontra o Direito do Trabalho Brasileiro, no campo coletivo, de decifrar este emaranhado que se vem desdobrando desde a Carta Constitucional de 1946, a que se edita o complicador da arbitragem.

Praticamente, no Brasil, há três soluções para um conflito coletivo do trabalho, retomando a linha de abordagem anteriormente enfocada: a convenção coletiva (desaguada da negociação direta e pelo resguardo absoluto da autonomia coletiva), a arbitragem (que, se facultativa, pode preservar no *iter* esta autonomia) e a obrigatória, que é a sentença normativa, cuja solução é curialmente afinal imposta pelo Estado.

O art. 114, §§ 1º e 2º, da Constituição Federal de 1988, por aglutinar soluções concorrentes-sucessivas (o que conduz ao paradoxo jurídico), persevera no tônus da contenção da elaboração da regra coletiva, cujo conteúdo (normas e condições) nunca será resultado seja do confronto da paridade de forças, seja do equilíbrio de interesses das categorias conflitantes, mas da filosofia política do Poder Judiciário, filosofia esta que não pode refletir a solução mais correta para a natureza de cada conflito.

Cabe, porém, considerar que uma já fincada tradição histórica e uma experiência incorporada nas relações e nas expectativas trabalhistas brasileiras, a da solução dos conflitos coletivos de trabalho através do Poder Judiciário, pela sentença normativa, não pode sofrer uma ruptura abrupta — com a pura, simples e oblíqua revogação do § 2º, do citado art. 114 da CR/88 ou de seu transverso esvaziamento —, sob pena de abrir-se, de imediato, um vácuo na perspectiva de solução de problemas graves e emergentes como os que tal preceito, *ultima ratio*, visa a equacionar. É curial que só se torna admissível a propositura de uma ação (aqui a coletiva) se há legítimo interesse (CPC, art. 3º) corroborado pelo seguinte art. 5º de que ressai ineluctavelmente o antagonismo dos interessados, o que, na verdade, fisionomiza o conflito, a divergência entre as partes quanto ao objeto desse interesse. Vê-se, pal-

---

(90) "Dies ist weitere Verbindung zwischen Arbeitskampfrecht und Tarifrecht" — HANAU, ADOMEIT, 1988, p. 83.

marmente, que a EC 45/04, na redação dada ao § 2º do art. 114 da CR/88, redunda em um verdadeiro ardil, figura essa que salta dos negócios jurídicos privados para a esfera de uma elaboração constitucional em armação que vai de encontro ao princípio básico do art. 37, *caput*, da CR/88, a que não escapa o legislador e, menos ainda o Constituinte, cuja operação legiferante há de transfundir um *minimum* de moralidade.

A gradual prática das convenções, o exercício sério e responsável do chamado *direito de greve* (que, hoje, reduz-se, tão somente, à greve, como fato irrompível até *ex abrupto* e fato *in natura*, a despeito da Lei n. 7.783, de 28 de junho de 1989) deverão, certamente, propiciar o esvaziamento dos chamados dissídios coletivos, de fora para dentro; e, de dentro para fora, a cada dia maior exigência dos tribunais quanto a pressupostos de propositura da *litis coletiva*, com o que se pode comungar ainda a írrita forma introduzida pela EC 45/04. A vocação natural de um lado corresponderá uma resposta formal sempre mais severa dos Tribunais, na fuga e na rejeição dos dissídios coletivos, o que, certamente obviará o impacto de uma solução cirúrgica, absolutamente contra-indicada no campo socioeconômico e mormente nas relações de trabalho entre categorias profissionais e econômicas conflitantes.

Em sua evolução e pelo próprio comportamento dos Tribunais do Trabalho, através do rigor exegético na captação e aplicação dos pressupostos e dos pré-requisitos para a propositura da ação coletiva, previstos nos §§ 1º e 2º, do art. 114, da CR/88, vem-se se tornando ela hoje uma forma residual e restringida (agora até imaginária) de solução dos conflitos coletivos, mas que pode justificar-se em determinadas situações agudas de crise conflitual e paroxística, sobretudo nos casos de greve insidiosa e interminavelmente recalcitrante. Tais situações justificam a intromissão dos Tribunais do Trabalho na solução dos conflitos coletivos, embora, como juízes, sejam corpos técnicos, internamente alheios aos problemas e às reais possibilidades de sua solução dentro de uma empresa.

Os rumos de uma ordem jurídica em um tema tão espinhoso e comprometedor como o aqui desenvolvido se discerniam como uma tarefa bastante simples.

Basta se veja, por exemplo, que o que é bom para a França ou para a Espanha, para o Canadá ou para os Estados Unidos, pode não ser bom para o Brasil, já que o desate do intrincado da questão não pode ser resolvido senão com base na experiência histórica de cada povo e em sua vocação para procurar uma solução nos conflitos coletivos de trabalho que atenda, *hic et hoc*, ao interesse comum das partes dentro de critérios realistas e equanimemente distribuídos para cujo deslinde elas, no calor do conflito, não estejam no momento adequadamente preparadas.

Como diz *Alan Supiot*, ressalvando não guardar o "triunfo da ciência" propriamente dita, do *expert* da arbitragem obrigatória, nenhum nexo com a "ciência dos juristas", pondera:

> "a referência às luzes do expert visa a fornecer esta garantia de objetividade e a fundar sobre uma ciência de ordem na empresa a legitimidade das decisões que se tomam"[91].

Na Espanha, embora não tenha entrado em vigor o art. 4º, do Real Decreto-Lei n. 5/1979, que prevê a criação dos chamados "*Tribunales de Arbitrage Laboral*", a arbitragem *obrigatória*, conforme o art. 10.1, do R.D.L.R.T.:

> "é imposta pelo Governo como modo de terminação de uma greve, tendo-se em vista a sua duração ou as suas conseqüências, a posição das partes e o prejuízo grave para a economia nacional"[92].

Diversamente do que sucede na Espanha, lembram *Lyon-Caen*, *Pélissier* e *Supiot* que os países escandinavos e anglo-saxônicos se caracterizam por modos muito elaborados "de solução dos conflitos coletivos de trabalho, que põem fim à greve "suprimindo a sua causa — *en supprimant sa cause*"[93], expondo, logo abaixo, que se pratica, na Europa, em geral, o mais simples dos métodos que é a conciliação em caráter *obrigatório* e que

> a intervenção da justiça para resolver em crise (*à chaud*) um conflito coletivo mostra-se mais nociva do que útil. Ela *tende a expandir-se, entretanto.* O recurso voluntário à arbitragem, freqüente nos Estados Unidos e no Canadá, não apetece aos países europeus nem pelos patrões nem pelos empregados[94].

Na conclusão do texto, sob o título "Regramento Negociado" e depois de, em tom dramático, proclamarem que, na França, com as greves

---

(91) "*la référence aux lumières de l'expert vise à fournir cette garantie d'objectivité, et à fonder sur une Science de l'ordre dans l'entreprise la légitimité des décisions qui s'y prennent*" — SUPIOT, 1994, p. 253.
(92) Cf. SALA FRANCO, ALBIOL MONTESINOS, 1989, p. 588, n. 18.
(93) Cf. LYON-CAEN, PÉLISSIER, SUPIOT, 1994, p. 831, n. 981.
(94) LYON-CAEN, PÉLISSIER, SUPIOT, 1994, p. 831, n. 981.

de maio-junho de 1968, o procedimento de conciliação oficial, a mediação e a arbitragem estão mortos, arrematam os autores franceses, em texto que transuda mais sabor literário do que realidade:

Se o Estado deve elaborar a "regra do jogo", isto é, o modo de emprego dos *procedimentos de luta*, incumbe somente aos interlocutores sociais buscar (*rechercher*) o regramento pondo fim a um litígio — *il incombe aux interlocuteurs sociaux seuls de rechercher le règlement mettant fin à un litige*. Uma solução imposta às partes será aqui sempre inadequada. Quanto ao juiz, seu papel maior poderia ser o de exortar (*inviter*) a negociar e ao de fiscalizar os desdobramentos da negociação. O jurista deveria admitir a existência de uma *negociação transacional* (pondo fim a um conflito) distinta da *negociação normativa* (criadora de uma convenção coletiva). A lei está muito defasada em relação à prática — *la loi est très en rétard sur la pratique*. De maneira paradoxal, a lei que instituiu a obrigação de negociar (n. 895) nada previu de tal em caso de conflito coletivo[95].

O fato de as relações sociais e em especial as relações de trabalho caminharem por graduais etapas de amadurecimento no sentido de se encontrarem sistemas de solução de seus conflitos não se atentar a que, além de não permitirem o uso autofágico de suas forças, consistam em formas compatibilizadoras de equacionamento dos interesses.

A presença do Estado, entretanto, reconheça-se como obviedade, seja direta, seja indireta, seja efetiva, seja potencial, jamais poderá ser afastada e o êxito dessa presença está na proporção ótima da eficiência dos resultados decorrentes de sua participação nos meios e na solução dos conflitos de trabalho com o mínimo de desgaste dos potenciais operadores normais dos interessados.

Como institucionalização, o poder normativo da Justiça do Trabalho, com ou sem vicissitudes e pelas mais diversas fases da evolução social brasileira, marca a sua presença como um anteparo ao uso incondicionado e cego do confronto direto e desgastante das classes em conflito, que, se não canalizam com prudência a solução de suas divergências pelas vias da negociação coletiva, sabem de antemão que essa solução necessariamente virá pelas mãos do Estado, como um árbitro eficiente e imparcial.

Pelas vias da conciliação ou da arbitragem, a negociação coletiva não prescinde, em seu momento cruciante da participação ou da inter-

---

(95) LYON-CAEN, PÉLISSIER, SUPIOT, 1994, p. 885, n. 1061.

venção de uma terceira pessoa, o árbitro ou de uma pessoa munida de poderes de decisão, cujo laudo deverão as partes acatar. Não é estranho que tal desfecho se encontre previsto na Carta Social Européia, de 18.10.1961 e na Carta Européia Comum dos Direitos Fundamentais do Trabalhador, de 9.12.1989 [96].

Não repugna, portanto, a participação da Justiça do Trabalho na solução dos conflitos coletivos pelo seu Poder Normativo. Há dificuldades e não impossibilidade nem institucional nem formal, nem extrínseca ou ontológica dessa participação.

O que estranharia, nos dissídios coletivos — e estranhará em qualquer espécie de arbitragem —, é a inserção heterônoma de cláusulas normativas compulsórias em um contrato de trabalho, por um órgão que não tem o cabal conhecimento das condições gerais e especiais em que as partes conflitantes se encontram ao tempo do dissídio, sobretudo compondo-se este órgão de juízes de formação técnica. Preservam-se, pois, estes órgãos em sua postura originária e mais preservam ainda as partes em peculiares interesses que pontualmente dizem respeito, como se vê, por exemplo, dos Precedentes Normativos. Daí o princípio do contraditório no cerne dos dissídios coletivos.

Por razões outras, embora o sistema norte-americano preveja a participação-intervenção do *National Labor Board* na solução do conflito, é assente naquele país que tal órgão não pode impor às partes termos substantivos que devam elas incluir em seu contrato:

"no entanto, a NLRB não pode ditar às partes os termos substantives que devem ser incluídos no seu contrato"[97].

No país do norte explica-se tal estranheza, pois, como enfatiza *Dennis R. Nolan*, a

arbitragem obrigatória repugna ao princípio do voluntarismo (autonomia da vontade) sobre o qual está baseado o nosso sistema de relações de trabalho e que debilitaria às partes o incentivo de elas mesmas procurarem o seu acordo[98].

---

(96) Cf. KRIMPHOVE, 1996, p. 268.
(97) "however, the NLRB cannot dictate to the parties substantive terms that they ought to include in their contract" — RAZA, ANDERSON, 1996, p. 279.
(98) "compulsory arbitration is repugnant to the principle of voluntarism on which our abor relations system is based and that it weakens the incentive of the parties to reach their own agreement" — NOLAN, 1979, p. 216.

Curialmente, não cabe falar do Brasil nesse tom, em que tudo vive à sombra do Estado, que é provedor e que não abdica, culturalmente, de sua primordial missão de tudo socorrer e de a tudo acorrer — senão paparicar —, como se a sociedade fosse sempre um aglomerado relativamente incapaz de suster-se por si.

Não será por isso que a Justiça do Trabalho se tenha deformado, conquanto não seja ela hoje aquele organismo da década de 40, rente com o *humus* social e em que também os quadros conflituais do tempo eram mais simples e mais simples a gente que os vivia.

A crescente complexidade (para não dizer sofisticação) das relações industriais não autoriza venha ela a encontrar uma aparelhagem estatal defasada, ou despreparada ou mesmo inepta para solucionar os seus conflitos. Cabe se aperfeiçoe e sempre mais se adapte.

Todavia, do que se há de inferir ou induzir do que acima se expôs, com a abertura como se incondicional fosse do exercício da greve (pois direito de greve é outra coisa) e do muitas vezes selvático manuseio dos poderes patronais, não se pode arredar da solução dos conflitos coletivos o Estado e a tradição brasileira, calcada na prudência e na antevisão, que não poderá senão optar por um gradual recuo (não esvaziamento) do Poder Normativo da Justiça do Trabalho, entregando a ordem jurídica às partes conflitantes formas mais claras e responsáveis, por vezes precárias, de solucionar os seus conflitos.

E isto, para atender, pelo ângulo mais agudo da questão, a uma advertência que nos pareceu bastante ponderável:

> Ao defender o Poder Normativo da Justiça do Trabalho, o juiz (Rubens Aidar — Presidente do TRT de São Paulo) lembra a recente greve dos motoristas e cobradores de ônibus em São Paulo. Sem a interferência do TRT, a cidade viveria um verdadeiro caos por tempo indeterminado[99].

Natura non facit saltus (*Leibnitz-Lineu*) e nada mais natural que o próprio *humus* social, que, segundo *Gurvitch*, é o que melhor cria o seu direito.

---

(99) *Folha de S. Paulo*, 2º Caderno. Domingo. 02.06.1996, p.1.

CONTEÚDO JURISDICIONAL DA SENTENÇA NORMATIVA

A pretensão à tutela jurisdicional calca-se em fatos juridicizáveis, cuja eficácia individuada se vai garantir ou buscar em juízo. É originariamente e em princípio incompatível com a atividade jurisdicional a sua intervenção para a elaboração de atos jurídicos abstratos[1].

Nos processos de dissídio coletivo, a pretensão, contudo, é à constituição de uma norma abstrata, regulando relações impessoais e continuativas de trabalho. Dirige-se à obtenção de uma sentença dispositiva, que compreende relações *in iter*[2]. Os traços eficaciais temporais levam-na a assemelhar-se às decisões comuns, equipadas na *eqüidade*, segundo expressa norma do art. 602, § 3º do CPC, como na hipótese do art. 1.699, do CC/2002[3].

Se a natureza da relação jurídica decidida acarreta à sentença normativa incompatibilidade com o conceito clássico da coisa julgada material ou formal (inimpugnabilidade absoluta), que se revela, especificamente, no teor do art. 873, da CLT (revisão), a sua eficácia como norma geral aproxima-a, por outro lado, das leis temporárias ou emergenciais, com duração máxima predeterminada (CLT, art 868, parágrafo único, que lhe fixa em quatro anos o prazo máximo de vigência)[4].

O estado de fato, no momento em que a editou o Tribunal, é elemento integrativo de seu conteúdo. Se não se modifica, permanece a norma que dele se originou[5]. *Certeza e estabilidade* jurídicas são objetivos que aqui se alcançam pelo asseguramento da mutabilidade nos

---

(1) FAGUNDES, 1957, p. 103.
(2) LEAL, 1960, p.160; CHAVES, 1956, p. 312 *et seq.*
(3) Alteração dos alimentos, na forma do art. 1.699 do CC/2002, vinculada à *fortuna* de quem os supre e de quem os recebe: "Se fixados os alimentos sobrevier mudança na situação financeira de quem os supre, ou na de quem os recebe, poderá o interessado reclamar ao juiz, conforme as circunstâncias a redução ou majoração do encargo."
(4) FRAGA, 1958, p. 43, nº 31; LEGAZ Y LACAMBRA, 1953, p. 235, nº 3. Cf. OJ 02 da SDC do TST.
(5) GOTTSCHALK, 1944, p. 466.

efeitos, quando se alteram os fatos que, juridicamente, os compuseram. Etkin chama a isso *equilibrada ponderação entre a lógica e a vida*[6].

A *inexistência de norma material que contenha a solução de contraste* de interesses entre categorias profissionais e econômicas (*De Litala*)[7], levou a maioria dos autores a classificar a sentença normativa como verdadeiro *julgamento de eqüidade*. O nexo deflui, no direito brasileiro, de textos legais (CLT, art. 8º; CPC, art. 127), através das ilações construtivas da doutrina, a que não faltam alentados subsídios alienígenas[8].

Para aquilatar-se bem das afinidades existentes entre sentença normativa e eqüidade, importa se veja nesta um conceito dissecável do ponto de vista *subjetivo* e do ponto de vista *objetivo*.

A raiz do conceito é subjetiva. Parte sua definição de *Aristóteles* e se liga ao de *justiça*. Sua versão metafísica, como *justiça do caso concreto, sentimento do justo, Direito justo*[9], traduz-se num esforço histórico do homem para, à falta do preenchimento normativo-objetivo, equacionar interesses jurídicos divergentes, a que o dado *justiça*, que é universal, o vago, não logrou cobrir satisfatoriamente. No dizer de *Radbruch*, seu sentido é o equilíbrio na *situação particular*. *Legaz y Lacambra* chega a descobrir-lhe o dom de evitar que a *dimensão dramática da justiça alcance sentido "trágico"*[10].

---

(6) ETKIN, 1948, p.5.
(7) DE LITALA, 1949, p.198.
(8) LEAL, 1960, p.202-205; BATALHA, 1960, v.2, p.562; PORRAS LOPES, [19—], p.22, [19—]; VIANNA, 1938, p.116-7; KROTOSCHIN, 1957, p.17-8; STAFFORINI, 1955, p.596-598; CARVALHO, 1954, p.216; PUECH, 1960, p.389-390; D'AGOSTINHO, 1938, p.173; CARNELUTTI, 1936, p.105-6 e 140. Cf., ainda, acórdão do TST, publicado em *Trabalho e Seguro Social*, jan./abr., 1956, p.149; CARVALHO, 1958, p.79; TRUEBA URBINA, 1941, t. 1, p.55 *et seq.*, CABANELLAS, 1949, p.625 e 631; GOTTSCHALK, 1944, p.440 *et seq.* Em sentido diverso, BALELLA, 1933, p.392, onde se afirma: "nem eqüidade acomodada às normas preexistentes, cuja aplicação é própria dos juízos de árbitro e amigáveis componentes e tampouco diminui a missão do magistrado do direito, quando a lei cala – ni equidad atemparada a normas preexistentes, cuya aplicación es propria de los juicios de árbitro y amigables componedores y tampouco desdice de la misión del magistrado de derecho, cuando la ley calla." Para desenvolvimento da eqüidade, cf. MARTINS, 1960, p.45, t. 2. Excelente apanhado histórico e conceito de eqüidade: MIRANDA, 1958, t. 2, p. 213 *et seq.* Como conteúdo filosófico, veja-se RADBRUCH, 1944, p. 47 *et seq.* Cf., ainda, CATHARINO, 1951, p. 391-2; CATHARINO, 1958, p.194, n. 183 e, em contexto axiológico, LOPES, 1993.
(9) CUTOLO, 1955, p. 148 e LOPES, 1993.
(10) RADBRUCH, 1944, p.461, n. III; TORRÉ, 1957, p. 242.

Desde que se fala em *caso concreto*, como *caso individual*, não se coaduna este suposto com o epifenômeno da sentença normativa mesmo no conceito subjetivo da *eqüidade*. A norma geral, abstrata, elaborada pelos Tribunais do Trabalho não se entende com a situação individuada, de cada relação de justiça, apreciada nos julgamentos de *eqüidade*. A só existência de múltiplos interesses individuais compondo o interesse abstrato de categoria extravasa o *equilíbrio*, a *justiça para cada um*, a que visam os procedimentos *eqüitativos*. O dado aproximativo, que hoje se desdobra nos julgamentos das ações civis públicas, é a posição análoga e são os sujeitos atuantes em confrontos análogos aos de outros ou muitos outros, no mesmo círculo ou na mesma esfera de interesses.

Na verdade, subjetivamente, concebe-se a sentença normativa como a justiça *da situação concreta,* se se pode paradoxalmente estabelecer grau de equivalência entre a média dos interesses dos empregados integrantes da categoria econômica. *D'Agostino*, comentando a lei italiana, a que deve direta filiação o citado art. 766, da CLT, expende:

> A magistratura do trabalho deve decidir as controvérsias mesmo segundo a eqüidade contemporizando os interesses dos empregadores e dos empregados e tutelando *ultima ratio* os da produção[11].

Eqüidade seria, aqui, o vértice do ângulo, onde se encontram duas linhas perfeitamente equipolentes e cuja razão de ser reside exatamente nessa equipolência. Está na *conciliação* entre a "liberdade de iniciativa e a valorização do trabalho humano", de que tratava o art. 145, da Constituição Federal de 1946 e em níveis mais amplos o art. 1º, inciso IV da CR/88.

Podem-se apanhar reflexos seus no tônus de equilíbrio que os Tribunais procuram observar entre a *retribuição* do *trabalho* e a do *capital*. É indispensável que se conciliem em sua contraposição o art. 1º, inciso IV da CR/88 e o art. 766. da CLT. É o que decidiu, mais de uma vez e recentemente o TST, em ementas conceitualmente claras e lapidares, sem descurar, como pano de fundo, do interesse geral:

> RECURSO ORDINÁRIO. REPOSIÇÃO SALARIAL. [...] A Justiça do Trabalho, dentro do poder normativo que lhe é assegurado pelo art. 114, § 2º, da Constituição, tem a possibilidade de conceder percentual de reajuste que julgue condizente com a perda salarial

---

(11) "La magistratura del lavoro deve dicidere le controversie stesse secondo equitá, contemperando gli interessi dei datori di lavoro con quelli dei lavoratori e tutelando in ogni caso quelli della produzione" — D'AGOSTINO, 1938, p. 173. Cf. LOPES, 1993.

da categoria profissional. O § 1º do art. 12 da Lei n. 10.192/2001 dispõe, por sua vez, que a decisão que puser fim ao dissídio coletivo "deverá traduzir, em seu conjunto, a justa composição do conflito de interesse das partes, e guardar adequação com o interesse da coletividade". V — Nesse passo, é imperiosa a concessão de reajuste que contemple a um só tempo a necessidade de reposição salarial da categoria profissional e a capacidade econômica da empresa suscitada. Por conta disso, a título de eqüidade e visando conciliar os interesses em choque, julga-se de bom alvitre a concessão de um reajuste de 4%, estabelecida a compensação por eventuais reajustes anteriormente concedidos. Recurso conhecido e provido. TST-RODC-254/2004-000-20-00.0 — SDC — Rel. Min. *Barros Levenhagen*[12].

DISSÍDIO COLETIVO — CODEVASF. REAJUSTE SALARIAL. 1. A existência de inflação, hoje, no Brasil, é fato inquestionável, embora se deva admitir que em índices bem inferiores àqueles registrados no passado. Dela decorre, também inquestionavelmente, a perda do poder aquisitivo dos salários. Esta Corte tem reconhecido essa realidade em inúmeros julgamentos, relativos às mais variadas categorias. 2. Cabe à Justiça do Trabalho, no exercício do Poder Normativo que lhe é conferido pela Constituição Federal, distribuir a Justiça Social, estabelecendo condições e normas que, aplicadas às relações de trabalho existentes entre as categorias profissional e econômica, enfatizem a dignidade e primazia do trabalho como fator de produção e, simultaneamente, estimulem a atividade produtiva. Trata-se da distribuição da Justiça Social com eqüidade, consideradas as reais condições da prestação de serviço da categoria profission al e a lucratividade e situação econômica do empresariado. E isto porque a própria Lei n. 10.192/2001, no seu artigo 13, § 1º, admite a possibilidade de reajuste; o artigo 114 da CF/88 consagra o poder normativo da Justiça do Trabalho, desde que frustrada a solução autônoma do conflito; e o artigo 766 da CLT, dispõe no sentido da possibilidade do estabelecimento, nos dissídios sobre estipulação de salários, de condições que, assegurando o justo salário aos trabalhadores, permitam também a justa retribuição às empresas interessadas. 3. Dissídio Coletivo a que se julga parcialmente procedente. TST-DC-095.264/2003-000-00-00.4 — SDC — Rel. Min. *Rider de Brito*[13].

---

(12) www.tst.gov.br, acesso em 30.01.06.
(13) www.tst.gov.br, acesso em 30.01.06.

Objetivamente, o conceito de eqüidade evolveu como processo — meio — de se resolverem litígios através de autonomia do órgão julgador. Chegou a corporificar-se, na Inglaterra, em Tribunais especiais, chamados de *equity,* extintos em 1873.

Por esse critério, transmitem-se ao juiz maiores proposições de liberdade na apreciação do caso que vai julgar. Sofre a influência do casuísmo, de cada situação concreta, que lhe venha às mãos. A fonte de direito, por excelência, em seu sistema, é a jurisprudência, o juiz realiza justiça *without law*[14]. Quando o sistema é o legal escrito (latino, germânico), a *eqüidade* infiltra-se no círculo da lei como temperamento para o caso concreto, a que o dispositivo aplicável não cabe perfeitamente ou, se cabe, sua aplicação é de tal forma injusta que o resultado passa a ser exatamente o oposto ao que visa a finalidade social da lei[15].

No *judge made law,* cujos julgamentos se definem por formas de *eqüidade,* o juiz procura ajustar o fato a ele levado a um preceito — o que se tem por *justiça do caso concreto.* O preceito, porém, é elaborado concomitantemente à sua aplicação, em apreço aos elementos do fato submetidos ao tribunal. Ele inexistia, até então.

Como processo, como meio de construção jurídico-procedimental, as sentenças normativas guardam caracteres aproximativos com os sistemas de *eqüidade.* São decisões de *eqüidade,* mas dessubjetivisadas, isto é, a elaboração do preceito obedece a critérios informativos de maior concreção externa. Os dados de que se informa são mais objetivos. Há sopesamento exterior de suportes, que comporão a regra jurídica: v.g., custo de produção; custo de vida; natureza da atividade empresária; condições de trabalho etc.

Pode-se falar em *eqüidade* enquanto à ausência de norma anterior, de critérios legais específicos e objetivos impondo-se ao pronunciamento do juiz. Ela se insinua na formação do ato jurisdicional coletivo. Seria como que, nas *condições* e *casos* de que fala a Constituição, o respeito à autonomia do Tribunal, enquanto os não haja disciplinado, superiormente, a lei. Sua natureza e seu *húmus* é o princípio em si, específico ou genérico[16].

---

(14) TORRÉ, 1957, p. 242, n. 47; VIANNA, 1938, p. 56-7.
(15) CUTOLO, 1955, p. 148.
(16) TRUEBA URBINA, 1941-1944, v.I, p. 56-7.

Se o legislador deixa ao juiz a faculdade de decidir, em determinadas circunstâncias, por eqüidade, nada impede, porém, passe aquele para o campo da lei ou para a sua competência, uma ou várias hipóteses fáticas que, antes, se subordinavam ao critério exclusivo do julgador. Retira-se ao arbítrio deste a edição de um preceito, que passa a compor-se pelos canais do legislativo[17]. Nos sistemas de direito codificado, a eqüidade é um critério remanescente, subsidiário, de julgamento. Nada estranha se fixe em hipótese legal aquela que se julgava por eqüidade. A previsão do desfecho deixa de ser exclusividade jurisdicional para tomar a lei, como fator básico, como vetor ou parâmetro de equacionamento.

O campo de plena autonomia jurisdicional, a que não fogem as sentenças normativas, antes eqüitativo, principia a desenhar-se pela mão mais homogênea do legislador, e o juiz, de criador da norma, de integrador do ordenamento, retorna à sua função de interprete, como no caso dos dissídios individuais. Aplica norma existente e não a que se criou no momento de aplicar-se[18]. O que antes se deixou à discrição do Tribunal, colocou o ordenamento na órbita da lei.

Nas sentenças normativas criam-se regras gerais abstratas e temporárias, ou se interpretam abstratamente regras existentes[19], que incidirão, o que é bem diverso de aplicar-se lei que incidiu[20], como diz *Pontes de Miranda*.

Por isso, afirma-se que sua formação não se precede de qualquer regra jurídica de conteúdo. Este passa a ser elaborado no ato do julgamento, como visibilidade constitutiva ou dispositiva sugerida (CLT, art. 765) ou parcialmente marcada (a então Lei n. 2.510/55, art. 1º).

O descumprimento ou inobservância do estabelecido na sentença normativa, no que se deve insistir, abre campo aos dissídios individuais, onde se discutirá, à luz das fontes formais de direito, a controvérsia no seu efeito individual, concreto, a que se chegará pela interpretação e

---

(17) Sobre o arbítrio no direito: TORRÉ, 1957, p. 244. O sentido, porém, de arbítrio, aqui empregado, de que a *arbitrariedade* é a forma aguda e extrapolada e a *discricionariedade* aquela autonomia deixada ao agente público, no exercício de suas funções, traduz-se na falta de fixidez de critérios gerais para a elaboração de um preceito. *Montesquieu* verberou conspicuamente o arbítrio jurisdicional, como opressivo: Cf. ETKIN, 1948, p. 9; FAGUNDES, 1957, p. 95, n. 6.
(18) GOTTSCHALK, 1944, p. 440, 1, 2, nota 951, até p. 442 e p. 443, n. 235.
(19) MIRANDA, 1954, t. 1, p. 3 *et seq*.
(20) ETKIN, 1948, p. 9; MARQUES, 1959, p. 51 *et seq*.

aplicação da norma vigorante do julgado normativo: são as ações de cumprimento que compõem a chamada *substituição processual,* mas que têm cunho executório ou satisfativo.

Daí a sentença normativa atribuir efeitos gerais, impessoais, a fatos uniformes, que se realizam em sucessividade homogênea nas relações de emprego[21].

A sentença normativa, como lei, incide sobre o círculo social. Já o processo, em seu aspecto procedimental, institui-se como instrumento de *realização* do direito objetivo. Sua técnica é a técnica para o direito já construído. Aqui, nos julgamentos coletivos, se evidencia a deformação da finalidade do processo, pois não há *realização,* asseguramento de *efetividade,* mas *construção* de norma, o que é coisa diversa.

Não se pode, por aí, afirmar venha a sentença normativa a *integrar* o direito como consectário do princípio da *lacuna da lei.* Os Tribunais do Trabalho, ao decidirem controvérsia coletiva de natureza econômica, não integram, especificamente, o direito ou revelam norma existente, que é função do juiz como *julgador,* ainda que o fazendo por *eqüidade* ou na construção sociológica da sentença[22].

Não se cuida, *in casu,* da jurisprudência como tal, como fonte do direito, no sentido de atividade recriadora[23].

A fonte legitimadora da sentença normativa não decorre de quaisquer das formas inerentes à função jurisdicional, ainda as mais autônomas, como a de *integração do direito,* na lacunosidade da lei. Aqui, há competência específica para a edição de normas abstratas, permanentes. A legitimação provém do exercício de atividade originariamente legislativa, que se impregna, porém, de determinados meios técnicos peculiares à jurisdicionalidade.

Foi necessário abrisse a Constituição aos Tribunais do Trabalho, em formas procedimentais, características da jurisdição, um curso próprio de que emanam leis, leis de grupo, normas abstratas, ainda que elaboradas sob determinados dados de experiência judicante.

A *integração* do direito é a atividade jurisdicional de criação subsidiária de norma para o caso concreto, quando a norma, existente para o

---

(21) MIRANDA, 1957, t. 1, p. 50.
(22) Cf. CARDOZO, 1956, p. 55 *et seq.* e, para características comuns entre a atividade do juiz e a do legislador, p.64, 68-9 e CRUET, 1956, p. 38 *et seq.*
(23) Cf. LA MORANDIÈRE, ESMEIN, LÉVY-BRUHL, SCELLE, 1951, p. 272.

círculo do fato em demanda, não lhe apanha um dos elementos essenciais do suporte fático necessário à aplicação. Há norma vigente que não se ajusta, porém, ao caso concreto[24]. Nas sentenças normativas, ela não existe. O ato do Tribunal do Trabalho visa a um grupo social determinado de fatos e pessoas, cujo comportamento deverá ser encoberto pela regra abstrata a criar-se.

No *common law,* o juiz sofre um processo de pesquisa jurídica maior, no cotejamento dos casos, na construção de seu convencimento, quando um dos elementos da revelação falha: a inexistência de um círculo normativo aplicável. A objetividade cinge-se ao material à sua frente para ser julgado[25]. Resguardam-se, porém, as nuances que apenas se ligam aos casos antecedentes pela força de um princípio comum que os une e os conduz à *ratio decidendi,* como atribui o direito anglo-americano. É o que timbra por elucidar *Ascensão*[26].

Nas sentenças normativas não se encontram os lados da objetividade legal, senão a regra vaga do art. 766, da CLT, que aí aparece como fonte, despida porém de limitação hipotética nítida.

No *commom law,* a sentença normativa deve certa técnica de direção, como observância de antecedentes, na fixação de regras sobre fatos. São regras que se repetem sobre fatos que se repetem.

Como, porém, o sistema brasileiro é o da lei escrita, da normatividade jurisdicional, nos dissídios coletivos, é maior no que se refere aos precedentes jurisprudenciais, no campo aberto que a lei deixou aos Tribunais para editarem regras sobre relações de trabalho.

Não se pode perder de vista a idéia de conjunto do *ordenamento,* em razão do *ato-fato-trabalho-subordinado,* quanto à hierarquia das fontes de disciplinação das relações dele oriundas, os seus aspectos internos e externos.

Da Constituição ao ato negocial individual corre gama rica de fontes de juridicização, cuja harmoniosa hierarquia se deve observar.

---

(24) A integração do direito, na atividade jurisdicional, cf. CPC, art. 127, que muito circunscreve a operação judicial, muito distante do art. 1º do Código Civil suíço; COUTURE. 1956, p. 41, 52 e 54. Para a lacunosidade da lei, cf. MIRANDA, 1958, t. 2, p. 192; LEAL, 1960, p. 205; LEGAZ Y LACAMBRA, 1953, GARCÍA MAYNEZ, 1941, p.129, n. 2; BADENES GASSET, 1959, p. 390 *et seq.*
(25) Cf. CARDOZO, 1956, p. 62; LESSA, 1916, p. 412; cf. WILLIAMS, [19—].
(26) ASCENSÃO, 2005, p. 158.

Essa construção calcada no Estado de Direito, que os romanos não conheceram, retira a sentença normativa do plano de elaboração da regra jurídica em que se situou o direito pretoriano[27].

A homogeneidade de fonte, através dos julgados por que se pauta o direito costumeiro anglo-saxônico, constituída ato por ato, diversifica-se do *ius edicendi* do Pretor, cujo conteúdo normativo se armava de tal abstratividade como se colhido do nada jurídico. Sua função precípua era o *ius dicere*, "ou seja declarar os princípios jurídicos segundo os quais deviam resolver-se os pleitos privados"[28], como competência para a edição de regras formais e materiais, versando hipóteses para a solução dos casos concretos que lhe viessem à *iurisdictio*[29].

No tocante ao conteúdo teleológico de suas funções, o Tribunal do Trabalho investe-se de dualidade competencial, de índole paralegiferante nos dissídios coletivos, como o é instância originária e judicante, nos dissídios individuais simples ou plúrimos, em grau de recurso (CLT, art. 895, letra *a*)[30]. O gozo de tal autonomia, para uma como para a outra função, é que trai a maior similaridade entre a sua atividade e a do Pretor.

Diversamente do que se deu, por exemplo, nos Estados Unidos da América do Norte e anteriormente no Brasil, que instituíram órgãos subordinados ao Poder Executivo, para a solução dos conflitos do trabalho, através da arbitragem indissimuladamente obrigatória[31], já a Constituição Federal de 1946 conferiu tais atribuições ao Poder Judiciário. Fazendo-o, nele cumulou não apenas as funções de aplicação do direito objetivo, de sua realização ou revelação, como integradora do ordenamento, como *administrar justiça* (*Schonke-Rosenberg*), mas também a de criação do Direito, de *expansão* do ordenamento. No mesmo Poder,

---

(27) Cf. FRANCISCI, 1954, p.281 *et seq.*, e 409 *et seq.*, NÓBREGA, 1955, p. 50 a 52; CUENCA, 1957, p. 2; CORREIA, SCIASCIA, 1953, p. 25-8; BATALHA, 1960, p. 665.
(28) "o sea declarar los principios jurídicos según los cuales debían resolverse los pleitos privados" — FRANCISCI, 1954, p.283.
(29) NÓBREGA, 1955, CUENCA, 1957. p.2.
(30) A distinção entre dissídios coletivos e individuais assenta-se, na doutrina e na jurisprudência, na natureza do interesse que têm ambos por fim tutelar. Os primeiros, os de categoria, por meio de normas gerais, abstratas e permanentes. Os concretos e individuais, os segundos. Como salientou *Herbert Magalhães Drumond*, o objeto do dissídio e não o número de litigantes é que lhe imprime a característica de coletivo ou individual plúrimo — Cf. processo, n. TRT-2.771-60, *Minas Gerais* (Diário da Justiça), 22.02.61, p.10. Cf. MAXIMILIANO, 1954, v. 2, p. 407-8.
(31) DEVEALI, 1952, p.188 *et seq.*

reuniu a criação, a aplicação da norma e o asseguramento de sua eficácia, quer abstrata quer concretamente atuante[32].

Do que até agora se examinou, vê-se que se não pode assimilar a sentença normativa a qualquer das formas de edição de regras jurídicas, sejam as de emanação legislativa, com eficácia pura e indiscriminadamente abstrata, como a *lei,* sejam as caracteristicamente jurisdicionais, ainda que de todas possua traços comuns.

A lei sobreleva pela maior pragmaticidade[33], genérica e maior raio de incidência e concreção, a despeito da abstratividade que marca seu conteúdo eficacial. A sentença normativa tem por objeto equacionar o conflito de *uma comunidade definida de interesses,* no dizer de *Oliveira Vianna* e não da comunidade geral, do Estado nunca é sobejo repetir embora aquela se reflita nesta. Do ângulo dos contratos individuais do trabalho, a captação de seu preceito é a mesma da dos contratos coletivos, através do princípio da *inderrogabilidade* de suas cláusulas, como da *inserção automática,* da *aplicação imediata* que denotam alto cruzamento de técnica publicística em sua força vigorante, que lhes injeta a lei (CLT, art. 444).

No fundamento sociológico de ambos, contrato coletivo e sentença normativa, está o interesse da categoria profissional e econômica, do grupo[34], de proporções reduzidas, mas impessoalizado, indelevelmente marcando-os, em toda a evolução jurídica de sua formação até a exaustividade de sua eficácia.

A sentença normativa tem por fim imediato — que é inerente à atividade jurisdicional — resolver um conflito, no caso, coletivo do trabalho. Seu escopo primeiro não é o preenchimento da atividade legislativa, ou seja, editar regra de direito material, abstrata.

Se traz em seu bojo características de lei, esse é o meio que o Estado encontrou para atender ao equacionamento das controvérsias coletivas. A natureza destas, porém, é que impôs a forma da localizada abstratividade, da generalidade específica e da temporariedade à sentença normativa.

A finalidade da lei, todavia, se provê ao conflito (*Couture*), se o soluciona, como regra disciplinadora, é preventiva, primacialmente inte-

---

(32) FAGUNDES, 1957, p. 97 *et seq.*
(33) HAESAERT, 1948, p. 411; DE LA CUEVA, 1954, p. 868; ETKIN, 1948, p. 5.
(34) MENEZES, 1957, p. 98.

gradora da conduta individual e da ordem social. Tanto assim é que há conflitos fundados em lei[35]. O fim político-constitucional da atividade legislativa é diverso do da atribuição legiferante dos Tribunais do Trabalho, porque diversa a natureza teleológica da solicitação social, a que se deve uma e se deve outra: na primeira, o objetivo imediato é dispositivo-preventivo, integrativo-disciplinador; na segunda, a solução de um *conflito* em fase eclosiva. A forma de intervenção estatal, na elaboração de uma ou de outra, demonstra-o perfeitamente.

O preceito constitucional, para a sentença normativa, dirige-se, primeiro, às categorias, tutelando-lhes os interesses, até à aprovação do órgão judicante[36]. Já o legislador não está vinculado a elas ou a outro direito potestativo estranho, nem constrangido por qualquer preceito constitucional cominatório. Pertence-lhe a iniciativa, portanto, a oportunidade da elaboração das leis, salvo a dos outros Poderes. Só o Estado a tem.

Seria realmente pouco compreensível conciliar a afirmativa de que a jurisdição tem por precípua finalidade a atuação do direito objetivo, quando ela só atua mediante provocação da parte interessada[37], mas tende à afirmação *in casu* do direito objetivo.

Dada, ainda mais, a natureza do ato jurisdicional, que resolve situações jurídicas concretas, com eficácia individual, não se pode cindir, no seu conteúdo teleológico, a par da atuação do direito objetivo, a satisfação de direitos subjetivos.

Nesse sentido, pode considerar-se acertada a afirmação de *Deveali*, de que a *legislação* não é um meio de se resolverem conflitos coletivos do trabalho, segundo pensamento de *Couture*, amparando *Sanders*, mas a *fonte* dos meios[38]. A questão se elucida pelo critério da finalidade mediata ou imediata dos *meios* jurídicos de *produzir-se* o Direito, como afirmou *Carnelutti*.

A lei é que situa, pelo comando constitucional, a sentença normativa no ordenamento e, fixando-lhe dados de conteúdo, precisa-lhe o grau de hierarquia editiva, como fonte de direito. A técnica jurídica empregada

---

(35) HAESAERT, 1948, p. 452, em que salienta os objetivos específicos da lei.
(36) A provocação privada dos grupos, nas sentenças normativas, constitui elemento bastante a distingui-las dos antigos *arrêts de règlements* do Direito Francês (cf. BATALHA, 1960, v. 2, p. 666).
(37) "O que imprime à aplicação da lei, pelo Estado, o caráter de *jurisdicionalidade*, é a sua ligação a uma pretensão" — MARQUES, 1959, p. 54.
(38) DEVEALI, 1952, p. 187.

para o incrustamento formal da sentença normativa na pirâmide das fontes foi a da lei ordinária, porque o determinou a Constituição.

A sentença normativa estabelece *condições* jurídicas, *normas*, sobre *casos* (CR/88, art. 114, § 2º). *Casos* são os elementos objetivos, são fatos, que se vão juridicizar pelo poder normativo dos Tribunais do Trabalho. Mas não são os fatos simples — como se deflui da concepção de *Carvalho Júnior* ("é fato, acontecimento, circunstância, *scilicet*: matéria que possa ou deva ser objeto de norma")[39], porém, complexos, que se revelam em interesses conflitantes de categorias. Na *mens* do §2º não se pode supor senão a sinonímia de *casos* com natureza de interesses conflitantes. Por isso, fala em "decisões, nos dissídios coletivos". Isto é, qual é espécie de interesse contrastante (*Balzarini*) acionará a competência normativa dos Tribunais do Trabalho.

Se, todavia, a lei retirou da apreciação dos Tribunais, como *fato juridicizável*, v.g., a assiduidade (Lei n. 2.510/55), é porque a exclui daqueles elementos socioeconômicos que, nas relações de trabalho, possuem força conflitante bastante para acionar o interesse da categoria e legitimá-lo a provocar a normatividade jurisdicional.

A própria fonte dos meios, *a lei,* como diria *Deveali*, regulou os efeitos daquele lado — a assiduidade —, retirando-lhe a natureza de elemento integrador dos conflitos de trabalho, e conseqüentemente, como objeto da sentença normativa.

Os *casos* aí estão: conflitos coletivos, envolvendo interesses abstratos das categorias econômicas e profissionais, mas pontuam no iter contratual de cada relação de trabalho destinatária final da sentença normativa. A assiduidade deixou de ser considerada expressamente, pela *lei,* como elemento sociológico do conflito coletivo, com força excludente de juridicização.

A lei avançou até a realidade social e extinguiu um efeito jurídico que os Tribunais do Trabalho vinham imprimindo, em forma *decisória*. Penetrou, é verdade, por vias indiretas, no conteúdo da sentença normativa, mas dentro do plano hierárquico de competência legislativa, em sua finalidade imediata, que é, no caso "suprimir as conseqüências de certos fatos uma vez que são contrários à ordem estabelecida"[40].

---

(39) Cf. acórdão do TST, publicado em *Trabalho e Seguro Social,* jan./abr., 1956, p. 149.
(40) "suprimir as conseqüências de certos fatos já que eles são contrários à ordem estabelecida — suprimer les conséquences de certains faits lorsqu'ils sont contraires à l'orde établie" — HAESAERT, 1948, p. 452, n. 3.

Corrobora-se, assim, o princípio da imediatidade normativa, que pertence à lei, e o da mediatividade jurisdicional, compreendido nos dissídios coletivos: o preceito expande-se como exegese ampla, mas ainda agora nesse evanescente 2006, em que a luz da sentença normativa tateia, bruxuleia na timidez de uma política jurídica que teme assumir posturas claras, seja em uma direção, seja em outra, o que se supõe assim também o seja o ajurídico § 2º do art. 114 da CR/88, pela EC 45/04.

BIBLIOGRAFIA

ALFONSO MELLADO, Carlos Luis. *Processo de conflicto colectivo*: sistemas alternativos de solución y autonomía colectiva. Valencia: Tirant lo Blanch, 1993.

ALLORIO, Enrico. *El ordenamiento jurídico en el prisma de la declaración judicial*. Buenos Aires: Jurídica Europa-América, 1958.

ALMEIDA, Gregorio Assagra de. *Direito Processual coletivo brasileiro*: um novo ramo do direito processual. São Paulo: Saraiva, 2003.

ALONSO GARCÍA, Manuel. *La codificación del Derecho del Trabajo*. Madrid: Consejo Superior de Investigaciones Científicas, 1957.

ALSINA, Hugo. *Tratado teórico y práctico de Derecho Processal Civil y Comercial*. Buenos Aires: Ediar, 1956.

ALVIM NETO, José Manoel de Arruda. *Direito Processual Civil*. Teoria geral do processo de conhecimento. São Paulo: Revista dos Tribunais, 1972.

ANTUNES, J. Pinto. *A limitação dos poderes*. Belo Horizonte: UFMG, 1955.

ARAÚJO FILHO, Luiz Paulo da Silva. *Ações coletivas*: a tutela jurisdicional dos direitos individuais homogêneos. Rio de Janeiro: Forense, 2000.

ASCARELLI, Tullio. Ordinamento giuridico e Processo Economico. *Rivista di Diritto del Lavoro*, 1958.

ASCENÇÃO, José de Oliveira. *O direito:* introdução e teoria geral. 13. ed. Coimbra: Almedina, 2005.

BADENES GASSET, Ramon. *Metodología del Derecho*. Barcelona: Bosch, 1959.

BALELLA, Juan. *Lecciones de legislación del trabajo*. Madrid: Reus, 1933.

BALLESTER PASTOR, Maria Amparo. *El arbitraje laboral*. Madrid: Ministerio de Trabajo y Seguridad Social, 1993.

BALZARINI, Renato. *Studi di Diritto del Lavoro*. Milano: Giuffrè, 1949.

BARASSI, Ludovico. *Il Diritto del Lavoro*. Milano: Giuffrè, 1949.

BARROS, Alice Monteiro de. *Curso de Direito do Trabalho*. 2.ed. São Paulo: LTr, 2006.

BATALHA, Wilson S. Campos. *Tratado elementar de Direito Processual do Trabalho*. Rio de Janeiro: Konfino, 1960.

BATHMANABANE, Pascal. *L'abus du Droit Syndical*. Paris: LGDJ, 1993.

BERNHARDT, W. *Das zivilprozessrecht*. 3.Auf. Berlin: Walter de Gruyter, 1968.

BIELSA, Rafael. *Compendio de Derecho Público Constitucional, Administrativo y Fiscal*. Buenos Aires: Depalma, 1952.

BLANPAIN, R., ENGELS, C. *Comparative labour law and industrial relations in industrialized market economies*. London: Kluwer, 1998.

BLUNTSCHLI, M. *Le Droit Public Générale*. Paris: Guillaumin, 1958.

BOBBIO, Norberto. *Teoria dell'ordinamento giuridico*. Torino: Giappichelli, 1960.

BODENHEIMER, Edgard. *Teoría del Derecho*. México: Fondo de Cultura Econômico, 1946.

BONNECASE, Julien. *La escuela de la exegesis en el Derecho Civil*. Trad. José M. Cajica Jr. Puebla: José M. Cajica Jr., 1944.

BONNECASE, Julien. *Science du Droit et romantisme*: le conflit des conception juridiques en France de 1880 à l'heure actuelle. Paris: Sirey, 1928.

BRUN, A.; GALLAND, H. *Droit du Tavail*. Paris: Sirey, 1958.

BURDEAU, Georges. *Droit Constitutionnel et institutions politiques*. Paris: Pichon et Auzias, 1957.

BURDEAU, Georges. *Traité de science politique*. Paris: LGDJ, 1949.

CABANELLAS, Guillermo. *Derecho de los conflictos laborales*. Buenos Aires: Omeba, 1966.

_____. *Tratado de Derecho Laboral*. Buenos Aires: El Grafico, 1949.

CABRAL, José. Dissídio Coletivo. *Trabalho e seguro social*. set.-dez., 1955.

CAMPOS, Carlos. *Hermenêutica tradicional e Direito Científico*. (Tese). Belo Horizonte, 1932.

CAMPOS, Carlos. *Sociologia e Filosofia do Direito.* Rio de Janeiro: Forense, 1943.

CAMPOS, Ronaldo Cunha. *Limites objetivos da coisa julgada.* São Paulo: LEUD, [19—].

CANARIS, Claus-Wilhelm. *Pensamento sistemático e conceito de sistema na ciência do Direito.* Lisboa: Calouste Gulbenkian, 1989.

CARDOZO, Benjamin. *A natureza do processo e a evolução do Direito.* Rio de Janeiro: Nacional de Direito Ltda., 1956.

CARNELUTTI, Francesco. *Como nace el Derecho.* Buenos Aires: EGEA, 1959.

_____. *Teoria del regolamento colletivo del rapporti di lavoro.* Padova: CEDAM, 1936.

_____. *Teoría general del Derecho.* Madrid: Revista de Derecho Privado, 1955.

CARREL, Michael R., HEAVRIN, Christina. *Labor relations and collective bargaining.* 4.ed. Englewood Cliffs: Prentice Hall, 1995.

CARVALHO, Costa. *Direito Judiciário Civil.* Rio de Janeiro: Coelho Branco, 1949.

CARVALHO, J. Antero de. *Direito e jurisprudência do trabalho.* Rio de Janeiro: Freitas Bastos, 1958.

CARVALHO, M. Cavalcanti de. Técnica de Execução de Sentença Coletiva. *Trabalho e Seguro Social.* Março-abril/1954. Repertório de Direito do Trabalho e Previdência Social. 1958.

CASTRO, Araújo. *Justiça do Trabalho.* Rio de Janeiro-São Paulo: Freitas Bastos, 1941.

CATHARINO, José Martins. *Poder normativo da justiça do trabalho*: (sua constitucionalidade). Bahia: Artes Gráficas, 1949.

CATHARINO, José Martins. *Tratado jurídico do salário.* Rio de Janeiro: Freitas Bastos, 1951.

_____. Competência Constitucional da Justiça do Trabalho. *Separata do III Congresso Brasileiro de Direito Social.* Bahia, 1953-54.

_____. *A despedida e suas limitações.* Salvador: [s.n.], 1958.

CATHARINO, José Martins. *Tratado elementar de direito sindical.* 2.ed. São Paulo: LTr, 1982.

CAVALCANTI, Temistocles. *A Constituição Federal Comentada.* Rio de Janeiro: José Konfino, 1952.

CESARINO JÚNIOR, A. F. *Direito Social brasileiro.* Rio de Janeiro: Freitas Bastos, 1953.

_____. *Consolidação das Leis do Trabalho.* Rio de Janeiro: Freitas Bastos, 1956.

CHAVES, César Pires. *Da ação trabalhista.* Rio de Janeiro: Forense, 1956.

CHIOVENDA, Giuseppe. *Instituições de Direito Processual Civil.* São Paulo: Saraiva, 1943.

COLLIARD, Claude-Albert. *Libertés publiques.* Paris: Dalloz, 1959.

CORREIA, Alexandre; SCIASCIA, Gaetano. *Direito Romano.* São Paulo, 1943.

COSTA, Alfredo Araújo Lopes da. *Manual elementar de Direito Processual Civil.* Rio de Janeiro: Forense, 1956.

COSTA, Alfredo de Araújo Lopes da. *Direito Processual Civil brasileiro.* 2.ed. Rio de Janeiro: Forense, 1959.

COSTA, Alfredo Araújo Lopes da. *Direito Processual Civil brasileiro.* 2.ed. Rio de Janeiro: Forense, 1960.

COSTA, Alfredo de Araújo Lopes da. *Manual elementar de Direito Processual Civil.* 3.ed. Atualizado por Sálvio de Figueiredo Teixeira. Rio de Janeiro: Forense, 1982.

COUTINHO, Grijaldo Fernandes; FAVA, Marcos Neves (Coord.). *Nova competência da Justiça do Trabalho.* São Paulo: Anamatra e LTr, 2005.

COUTURE, Eduardo. *Interpretação das leis processuais.* São Paulo: Max Limonad, 1956.

_____. El concepto de jurisdicción laboral. In: *Estudios de Derecho del Trabajo en memoria de Alejandro M. Unsain.* Buenos Aires: Ateneo, 1958.

_____. *Fundamentos del Derecho Procesal Civil.* Buenos Aires: Depalma, 1958.

CRETELLA JÚNIOR, J. *Comentários à Constituição de 1988.* Rio de Janeiro: Forense Universitária, 1989.

CRUET, Jean. *A vida do Direito e a inutilidade das leis.* Salvador: Progresso, 1956.

CUCHE, Paul; VINCENT, Jean. *Procédure Civile et Commerciale.* Paris: Dalloz, 1960.

CUENCA, Humberto. *Processo Civil romano.* Buenos Aires: Europa-América, 1957.

CUTOLO, Vicente Osvaldo. *Introducción al estudio del Derecho.* Buenos Aires: Abeledo Perrot, 1955.

D'AGOSTINO, Gracco. *Il Processo collettivo del Lavoro.* Padova: CEDAM, 1938.

DABIN, Jean. *Le Droit Subjéctif.* Paris: Dalloz, 1952.

_____. *Teoría general del Derecho.* Madrid: Revista de Derecho Privado, 1955.

DALAZEN, João Oreste. Reflexões sobre o poder normativo da Justiça do Trabalho e a Emenda Constitucional n. 45/2004. *Revista da Academia Nacional de Direito do Trabalho.* a. 13, n. 13, fev./2006, p. 135-145.

DE BUEN, Néstor. *A solução dos conflitos trabalhistas.* São Paulo: LTr, 1986.

DE LA CUEVA, Mario. *Derecho mexicano del Trabajo.* México: Porrua, 1954.

DE LA GRESSAYE, Jean Brethe. *Le syndicalisme l'organisation professionelle et l'etat.* Paris: Sirey, 1931.

_____. LABORDE-LACOSTE, Marcel. *Introduction generale a l'etude du Droit.* Paris: Sirey, 1947.

DE LITALA, Luigi. *Derecho Procesal del Trabajo.* Buenos Aires: Europa-América, Bosch, 1949.

DI MARCANTONIO, Amleto. *Appunti di Diritto del Lavoro.* Milano: Giuffrè, 1958.

DESPONTIN, Luis A. *Derecho del Trabajo: constitucionalismo social.* Buenos Aires: Zavalia, 1957.

DEVEALI, Mario. *Curso de Derecho Sindical y de la previsión social.* Buenos Aires: Zavalia, 1952.

DRAKE, Charles D. *Labour law.* 2.ed. London: Sweet & Maxwell, 1973.

DUGUIT, Leon. *Las transformaciones del derecho:* (público y privado). Buenos Aires: Heliarta, 1975.

DU PASQUIER, Claude. *Introduction à la theorie generale et à la Philosophie du Droit.* Paris: Delachau & Nestlé, 1948.

DURAND, Paul; JAUSSAUD, R. *Traité du Droit du Travail.* Paris: Dalloz, 1947.

DWORKIN, Ronald. *O império do Direito.* São Paulo: Martins Fontes, 1999.

ENGISCH, Karl. *Einführung in das jurisdische Denken.* 9.Auf. Stuttgart: W. Kohlammer, 1997.

ERMACORA, Felix. *Allgemeine staatslehre.* Berlin: Duncker & Humblot, 1997.

ESTAGNAN, Joaquin Silguero. *La tutela jurisdicional de los intereses colectivos a traves de la legitimación de los grupos.* Madrid: Dickinson, 1995.

ETKIN, Alberto M. *Ensayos y estudios de Filosofía Jurídica y de Derecho Procesal Civil y Criminal.* Buenos Aires: Araújos, 1948.

FAGUNDES, Seabra. *O controle dos atos administrativos pelo Poder Judiciário.* Rio de Janeiro: Forense, 1957.

FERNANDES, Antônio Monteiro. *Noções fundamentais de Direito do Trabalho.* Coimbra: Almedina, 1980. Relações colectivas de trabalho, v. 2.

FERREIRA, Pinto. *Princípios gerais do Direito Constitucional moderno.* Rio de Janeiro: Konfino, 1955.

FERREIRA, Waldemar Martins. *Princípios de Legislação Social e Direito Judiciário do Trabalho.* ED. São Paulo: São Paulo, 1938.

_____. *Princípios de Legislação Social e Direito Judiciário do Trabalho.* Rio-São Paulo: Freitas Bastos, 1939.

FIGUEIREDO, Sálvio de Figueiredo. *A criação e a realização do Direito na decisão judicial.* Rio de Janeiro: Forense, 2003.

FIKENTSCHER, Wolfgang. *Methoden des rechts*: in vergleichender Darstellung. Tubingen: J. C. B. Mohr (Paul Siebeck), 1975-1977, 5 v.

FRAGA, Gabino. *Derecho Administrativo.* México: Porrúa, 1958.

FRANCISCI, Pietro de. *Sintesis histórica del Derecho Privado romano.* Madrid: Revista de Derecho Privado, 1954.

GALANTINO, Luisa. *Diritto Sindacale*. Torino: G. Giappichelli, 1996.

GALLART Y FOLCH, Alejandro. *Derecho Administrativo y Procesal de las corporaciones de Trabajo*. Barcelona: Bosch, 1929.

_____. *Las convenciones colectivas de condiciones de trabajo en la doctrina y en las legislaciones extranjeras y española*. Barcelona: Bosch, 1932.

GARCÍA MAYNEZ, Eduardo. *Introducción al estudio del Derecho*. México: Porua, 1955.

_____. *Libertad, como Derecho y como Poder*. México: Companía General Editora, 1941.

GARCÍA PELAYO, Manuel. *Derecho Constitucional Comparado*. Madrid: Revista do Ocidente, 1959.

GENY, François. *Método de interpretación y fluentes en Derecho Privado positivo*. Madrid: Reus, 1925.

GHIGLIANI, Alejandro E. *Del control jurisdiccional de constitucionalidade*. Buenos Aires: Depalma, 1952.

GOLDSCHIMIDT, James. *Problemas generales del Derecho*. Buenos Aires: Depalma, 1944.

GOMES, Orlando. *Direito do Trabalho*: estudos. 3. ed. Bahia: [s.n.], 1954.

_____. *Introdução ao Direito Civil*. Rio de Janeiro: Revista Forense, 1957.

_____. *Introdução do Direito do Trabalho*. Rio de Janeiro: Forense, 1944.

GORPHE, François. *Les decisions de justice*. Paris: Sirey, 1952.

GOTTSCHALK, Egon Félix.*Greve e lock-out*. São Paulo: Max Limonad., [19—].

_____. *Norma pública e privada no Direito do Trabalho*. São Paulo: Saraiva, 1944.

GOYATÁ, Célio. Lictis Colletiva. Graf. Belo Horizonte. *Separata de Minas Forense*, 1953.

GRUNEBAUM, Ballin; PETIT, Renée. *Les conflicts colletifs du travail et leur reglement dans le monde contemporain*. Paris: Sirey, 1954.

GURVITCH, Georges. *Elementos de Sociologia Jurídica*. México: M. Cajica, 1948.

GUSMÃO, Chrystilo de. *Direito Judiciário e Direito Constitucional.* Rio de Janeiro: Freitas Bastos, 1956.

HAESAERT, J. *Théorie Générale du Droit.* Bruxelles: Émile Bruylant, 1948.

HANAU, Peter; ADOMEIT. Klaus. *Arbeitsrecht.* 9.Auf. Frankfurt a. M.: Alfred Metzner, 1988.

HARBISON, Frederick, COLEMAN, John. *Estratégia nos dissídios coletivos de trabalho.* São Paulo: Fundo de Cultura, 1963.

HECK, Philip. *Interpretação da lei e jurisprudência dos interesses.* São Paulo: Saraiva, 1948.

HERNANDEZ GIL, Antonio. *Metodología de la ciencia del Derecho.* Madrid: Uguina, 1971.

HORTA, Raul Machado. Relatório da Comissão Especial. *In: Estudos sobre a Ordem Econômica e Social.* Belo Horizonte: 1960.

HÜECK, Alfred; NIPPERDEY, Hans Carl. *Lehrbuch des arbeitsrechts.* 7.Auf. Berlin-Frankfurt: Franz Vahlen, 1963.

IGLESIAS CABERO, Manuel. *Negociación colectiva.* Madrid: Colex, 1997.

JACCARD, Pierre. *Histoire sociale du travail de l'antiquite a nos jours.* Paris: Payot, 1960.

JAEGER, Nicola. *Corso di Diritto Processual del Lavoro.* 2.ediz. Padova: Antonio Milani, 1936.

JELLINEK, George. *Teoría general del Estado.* Buenos Aires: Albatros, 1954.

JHERING, Rufolf von. *A evolução do Direito.* Salvador: Progresso, 1950.

_____. *El fin en el Derecho.* Buenos Aires: Heliasta, 1976.

_____. *L'esprit du Droit romain:* dans les diverses phases de son developpement. 3.ed. rev. e corr. Paris: A. Marescq, 1886-1888.

JOSSERAND, L. *Teologia Jurídica.* México: J.M. Cajica, 1946.

KAHN-FREUND, Otto. *Labour and the law.* 2.ed. London: Stevens & Sons. 1977.

KANTOROWICZ, Hermann. *La definizione del Diritto.* Trad. di Enrico di Robilant. Introduzione di Norberto Bobbio. Torino: G. Giappichelli, 1962.

KELSEN, Hans. *Hauptprobleme der Staatsrechtslehre:* entwickelt aus der lehre vom Rechtssatze. 2.Auf. Tubingen: J. C. B. Mohr (Paul Siebeck), 1923.

KELSEN, Hans. *La idea del Derecho Natural y otros ensayos*. Buenos Aires: Losada, 1946.

_____. *Teoria generale del Diritto e dello stato*. Milano: Etas Libri, 1980.

KELSEN, Hans. *Reine Rechtslehre*. Wien: Franz Deuticke, 1983.

KRIMPHOVE, Dieter. *Europäisches Arbeitsrecht*. München: Vahlen, 1996.

KROTOSCHIN, Ernesto. *Tratado práctico de Derecho del Trabajo*. Buenos Aires: Roque Depalma, 1955.

_____. *Cuestiones fundamentales de Derecho colectivo del trabajo*. Buenos Aires: Abeledo Perrot, 1957.

LA MORANDIÈRE, Leon Julliot de et al. *Introduction a l'etude du Droit*. Paris: Rousseau, 1951.

LAPIERRE, J. W. *Le pouvoir politique*. Paris: PUF, 1959.

LARENZ, Karl. *Metodologia da ciência do Direito*. 2.ed. Lisboa: Calouste Gulbenkian, 1989.

LAUBADÉRE, André de. *Traité theorique et pratique des contracts administratifs*. Paris: Pichon et Durand Auzias, 1956.

LEAL, Victor Nunes. *Problemas de Direito Público*. Rio de Janeiro: Forense, 1960.

LEGAZ Y LACAMBRA, Luis. *Horizontes del pensamiento jurídico*. Barcelona: Bosch, 1947.

_____. *Estudios de Filosofía del Derecho*. Barcelona: Bosch, 1953.

LENT, Friedrich V.; TOMAR, Jauernig. *Zivilprozessrecht*. 13.Auf. München: C.H.Beck'sche, 1966.

LESSA, Pedro. *Estudo e Philosophia do Direito*. São Paulo: Saraiva, 1916.

LIEBMAN, Enrico Tullio. *Eficácia e autoridade da sentença e outros escritos sobre a coisa julgada* (com aditamentos relativos ao direito brasileiro). Rio de Janeiro: Forense, 1981.

LIMA, Alcides Mendonça. *Recursos trabalhistas*. São Paulo: Max Limonad, 1956.

LIMA, Queiroz. *Princípios de Sociologia Jurídica*. Rio de Janeiro: Record, 1958.

LOBO, Eugênio R. Hadock. *Dissídios coletivos e aumentos salariais.* Rio de Janeiro: Edições Trabalhistas, 1967.

LOPES, Mônica Sette. *A eqüidade e os poderes do juiz.* Belo Horizonte: Del Rey, 1993.

_____. *A convenção coletiva e sua força vinculante.* São Paulo: LTr, 1998.

_____. Os precedentes e o sistema. *Revista Trabalhista.* Rio de Janeiro, Forense, a. 1, v. 4, out./nov./dez. 2002, p. 517-539.

LOUREIRO JÚNIOR. *O controle da constitucionalidade das leis.* São Paulo: Max Limonad, 1957.

LUHMANN, Niklas. *Legitimação pelo procedimento.* Brasília: Universidade de Brasília, 1980.

LYON-CAEN, Gérard; PÉLISSIER, Jean; SUPIOT, Alain. *Droit du Travail.* 17.éd. Paris: Dalloz, 1994.

MALBERG, Carré de. *Teoría del Estado.* México: Fondo de Cultura Economica, 1948.

MANCUSO, Rodolfo de Camargo. *Interesses difusos*: conceitos e legitimação para agir. 2.ed. rev. e atual. São Paulo: Revista dos Tribunais, 1991.

MANNHEIM, Karl. *Ideologia e utopia.* Rio de Janeiro: Globo, 1950.

MANNHEIN, Pierre-André. *Le Droit de negociation collective.* Lausanne: René Thonney-Dupraz, 1975.

MANNRICH, Nelson. O ocaso do poder normativo. *Revista da Academia Nacional de Direito do Trabalho.* a. 13, n.13, fev./2006, p.171-173.

MARQUES, José Frederico. *Instituições de Direito Processual Civil.* Rio de Janeiro: Forense, 1958.

_____. *Ensaio sobre a jurisdição voluntária.* São Paulo: Saraiva, 1959.

MARTINS, Pedro Batista. *Comentários ao Código de Processo Civil.* Rio de Janeiro: Forense, 1960.

MAXIMILIANO, Carlos. *Hermenêutica e aplicação do Direito.* Rio de Janeiro: Freitas Bastos, 1951.

_____. *Comentários à Constituição de 1946.* Rio de Janeiro: Freitas Bastos, 1954.

MAXIMILIANO, Carlos. *Direito intertemporal ou teoria da retroatividade das leis*. Rio de Janeiro: Freitas Bastos, 1955.

MAZZILLI, Hugo Nigro. *A defesa dos interesses difusos em juízo:* meio ambiente, consumidor e patrimônio cultural. 3.ed. rev., ampl. e atual. à luz do Código do Consumidor. São Paulo: Revista dos Tribunais, 1991.

MAZZONI, G.; GRECHI, A. *Corsi di Diritto del Lavoro*. Bologne: Zuffi, 1949.

MAZZONI, Giuliano (Org.). *La categoria e la contrattazione collettiva*: aspetti giudirici della problematica contrattuale. Milano: Giuffrè, 1964.

MENDONÇA, Antonio Miranda de et al. *Temas de Direito e Processo do Trabalho*. Belo Horizonte: Del Rey, 1997. Organizado pela AMATRA III.

MENDONÇA, Manuel Inácio Carvalho de. *Doutrina e prática das obrigações ou teoria geral dos Direitos de crédito*. 4.ed. Rio de Janeiro: Forense, 1956, t.1.

MENEZES, Geraldo Montedônio Bezerra de. *O Direito do Trabalho na Constituição Brasileira de 1946*. Rio de Janeiro: Haddad, 1956.

_____. *Dissídios coletivos do trabalho e direito de greve*. Rio de Janeiro: Borsoi, 1957.

MERCADER Uguina, Jesus R. *Estructura de la negociación coletiva y relaciones entre convenios*. Madrid: Civitas, 1994.

MILANI, Francesco. *Il Diritto Sindicale nel sistema del Diritto*. Milano: Giuffrè, 1940.

MIRANDA, Pontes de. *Comentários à Constituição de 1946*. São Paulo: Max Limonad, 1953.

_____. *Tratado de Direito Privado*. Rio de Janeiro: Borsoi, 1954.

_____. *Comentários ao Código de Processo Civil*. Rio de Janeiro: Forense, 1958.

_____. *Comentários ao Código de Processo Civil*. Rio de Janeiro: Forense, 1973-1974.

MITSOU, T. *Les rapports entre convention collective et sentence arbitrale*. Paris: LGDJ, 1958.

MONTEIRO, João. *Teoria do Processo Civil*. Rio de Janeiro: Borsoi, 1956.

MONTESQUIEU. *Do espírito das leis*. São Paulo: Brasil, 1960.

MORAES FILHO, Evaristo. Conceito de categoria econômica. *Revista Trabalho e Seguro Social*, v.30, jan./fev. 1952.

_____. *Introdução ao Direito do Trabalho*. Rio de Janeiro: Forense, 1956.

_____. *Tratado elementar de Direito do Trabalho*. 2ª ed. Rio de Janeiro: Freitas Bastos, 1960.

MOUCHET, Carlos; BECU, Ricardo Zorraquin. *Introducción al Derecho*. Buenos Aires: Abeledo Perrot, 1957.

NARDI GRECO, Carlos. *Sociologia jurídica*. Buenos Aires: Atalaya, 1949.

NASCIMENTO, Amauri Nascaro do. *Conflito coletivo do trabalho:* fundamentos do sistema jurisdicional brasileiro. São Paulo: Saraiva, 1978.

NAWIASKY, Hans. *Staatstypen der gegenwart*. St. Gallen: Fehr'sche, 1934.

_____. *Teoría general del Derecho*. Madrid: Rialp, 1962.

NIKISCH, Arthur. *Arbeitsrecht*. 3. erweiterte und vollig neuberab. Auf. Tubingen: J. C. B. Mohr (Paul Siebeck), 1961. v. 1.

NÓBREGA, Vandick Londres da. *História e sistema do Direito Privado romano*. Rio de Janeiro: Freitas Bastos, 1955.

NOLAN, Dennis L. *Labor arbitration law and practice*. St. Paul: West Publishing, 1979.

NUNES, Castro. *Do mandado de segurança*. Rio de Janeiro: Forense, 1954.

PAIXÃO, Cristiano; RODRIGUES, Douglas Alencar; CALDAS, Roberto de Figueiredo (Coord.). *Os novos horizontes do Direito do Trabalho*: homenagem ao Ministro José Luciano de Castilho Pereira. São Paulo: LTr, 2005.

PAULA, Adriano Perácio de. *Mandado de injunção*. Tese. Belo Horizonte, Faculdade de Direito da UFMG, 1995.

PEDUZZI, Maria Cristina Irigoyen. Os reflexos da Emenda Constitucional n. 45/04 na Justiça do Trabalho e a posição do TST. *Revista da Academia Nacional de Direito do Trabalho*. a. 13, n.13, fev./2006, p.147-169.

PEIXOTO, Carlos Fulgêncio da Cunha. *A sociedade por cotas de responsabilidade limitada*. Rio de Janeiro: Forense, 1958.

PEREZ BOTIJA, Eugênio. *Curso de Derecho del Trabajo.* 4.ed. Madrid: Tecnos, 1955.

PEREZ PATON, Roberto. *Derecho Social y legislación del trabajo.* Buenos Aires: Arayu, 1954.

PORRAS LOPES, Armando. *Derecho Processal del Trabajo.* México: M. Cajica, 1956.

POUND, Roscoe. *Examen de los intereses sociales.* Buenos Aires: Abeledo Perrot, 1959.

PREIS, Ulrich. *Arbeitsrecht:* Praxis-Lehrbuch zum Kollektivarbeitsrecht. Köln: Dr. Otto Schmidt, 2003.

PRÉLOT, Marcel. *Institutions politiques et Droit Constitutionnel.* 2.ed. Paris: Dalloz, 1961

PROSPERETTI, Ubaldo. *L'autonomia degli enti sindicali.* Milano: Giuffrè, 1942.

PUECH, Luís Resende. *Direito Individual e Coletivo do Trabalho.* São Paulo: Revista dos Tribunais, 1960.

RADBRUCH, Gustavo. *Filosofia del Derecho.* Madrid: Revista de Derecho Privado, 1914.

RÁO, Vicente. *O Direito e a vida dos Direitos.* São Paulo: Max Limonad, 1952.

RAZA, M. Ali, ANDERSON, A. Janell. *Labor relations law.* New Jersey: Prentice Hall, 1996.

RECASENS SICHES, Luis. *Nueva Filosofia de la interpretación del Derecho.* México, Buenos Aires: Fondo de Cultura Econômico, 1956.

REZENDE FILHO, Gabriel. *Direito Processual Civil.* São Paulo: Saraiva, 1954.

RIBEIRO, Augusta Barbosa de Carvalho. *O contrato coletivo de trabalho e a lei brasileira.* São Paulo: LTr, 1976

RODRÍGUEZ-PIÑERO, Miguel; VALDEZ DA-RE, Fernando; CASAS BAAMONDE, Maria Emilia. *Estabilidad en el empleo, diálogo social y negociación colectiva.* Madrid: Tecnos, 1998.

ROSEMBERG, Leo. *Tratado de Derecho Procesal Civil.* Buenos Aires: Europa-América, 1955.

ROSEMBERG, Leo; SCHWAB, Kart Heinz. *Zivilprozessrecht.* 12.Auf. München: C.H.Beck'sche, 1977.

ROUBIER, Paul. *Théorie generale du Droit.* Paris: Sirey, 1951.

ROUBIER, Paul. La methode sociologique et Droit. In: *Rapports Présentés au Colloque de Strasbourg.* 1956.

ROUBIER, Paul. *Teoria general del Derecho.* México: Cajica, [19—].

RUPRECHT, Alfredo J. *Relações coletivas de trabalho.* Trad. Edilson Alkimin Cunha. São Paulo: LTr, 1995.

RUSSOMANO, Mozart Victor. *Comentários à Consolidação das Leis do Trabalho.* Rio de Janeiro: José Kofino, 1957.

RUSSOMANO, Mozar Victor; CABANELLAS, G. *Conflitos coletivos de trabalho.* São Paulo: Revista dos Tribunais, 1979.

SÁ FILHO, Francisco. *Relações entre os poderes do Estado.* Rio de Janeiro: Borsoi, 1959.

SALA FRANCO, Tomas; ALBIOL MONTESINOS, Ignacio. *Derecho Sindical.* Valencia: Tirant lo Blanch, 1989.

SANSEVERINO, Luiza Riva. *Diritto Sindicale*: lezzioni. Roma: Ateneo, [19—].

SANTI ROMANO. *Scritti minori.* Milano: Giuffrè, 1950.

SANTORO PASSARELLI, Francesco Santoro. *Nozzione di Diritto del Lavoro.* Napoli: Eugênio Jovene, 1952.

SANTOS, J. M. de Carvalho (Org.). *Repertório enciclopédico do Direito brasileiro.* Rio de Janeiro: Borsói, 1947.

SAUER, Wilhelm. *Allgemeine prozessrechtlehre.* Berlin: Carl Heymanns, 1951.

SAVATIER, René. *Du Droit Civil au Droit Public.* Paris: Pichon et Auzias, 1950.

SCHAUB, Günter. *Arbeitsrecht-Handbuch.* 8.Auf. München: C.H.Beck'sche, 1996.

SCHMITT, Carl. *Les trois types de pensée juridique.* Paris: PUF, 1995.

SCHÖNKE, Adolf. *Derecho Processal Civil.* Barcelona: Bosch, 1950.

SIFUENTES, Mônica. *Súmula vinculante*: um estudo sobre o poder normativo dos tribunais. São Paulo: Saraiva, 2005.

SILVA, Antônio Álvares da. *Direito coletivo e a emenda constitucional 45/04.* Belo Horizonte: RTM, 2005.

_____. Dissídio coletivo e Emenda Constitucional n. 45/04: aspectos procedimentais. *Revista da Academia Nacional de Direito do Trabalho.* a. 13, n. 13, fev./2006, p. 21-71.

SILVA, Floriano Corrêa Vaz da Silva. O poder normativo da justiça do trabalho. *Revista Anamatra*, a.9, n.32, julho-agosto-setembro-1997.

SILVA, Ovídio A. Baptista da. *Sentença e coisa julgada*: ensaios. 2.ed. rev. e aum. Porto Alegre: Sergio Antonio Fabris, 1988.

SITRÂNGULO, Cid José. *Conteúdo dos dissídios coletivos de trabalho.* São Paulo: LTr, 1978.

SOUSA, Miguel Teixeira de. *A legitimidade popular na tutela dos interesses difusos.* Lisboa: Lex, 2003.

SPYROPOULOS, Georges. *La liberte syndicale.* Paris: Pichon et Durand Auzias, 1956.

STAFFORINI, Eduardo. *Derecho Procesal social.* Buenos Aires: TEA, 1955.

STERN, Jacques (Org.). *Thibaut y savigny*: la codificación. Una controversia programática basada en sus obras sobre la necesidad de un Derecho Civil general para Alemania y de la vocación de nuestra época para la legislación y la ciencia del Derecho. Trad. Jose Diaz García. Madrid: Aguilar, 1970.

STRENGER, Irineu. *Mandando de injunção.* Pressupostos dogmáticos. Rio de Janeiro: Forense, 1988.

SUPIOT, Allain. *Critique du Droit du Travail.* Paris: PUF, 1994.

SUSSEKIND, Arnaldo; MARANHÃO, Délio; VIANA, José de Segadas. *Instituições de Direito do Trabalho.* Rio de Janeiro: Freitas Bastos, 1957.

SUSSEKIND, Arnaldo. *Comentários à consolidação das leis do trabalho.* Rio de Janeiro: Freitas Bastos, 1960.

TANNEMBAUM, Frank. *A Filosofia do Trabalho.* Rio de Janeiro: Clássica, [19—].

TARELLO, Giovanni. *Teorie e ideologie nel Diritto Sindacale*: l'esperienza italiana dopo la Costituzione. 2.ed. Milano: Comunita, 1972.

_____. *Diritto, enunciati, usi*: studi di teoria e metateoria del Diritto. Bologna: Il Mulino, 1974.

_____. *Storia della cultura giuridica moderna.* Bologna: Il Mulino, 1976.

_____. *Teorías e ideologías en el Derecho Sindical.* La experiencia italiana después de la Constitución. Granada: Colmares, 2002.

TARELLO, Giovanni. *Cultura jurídica y política del Derecho.* Granada: Colmares, 2002.

TISSEMBAUM, Mariano R. *Controvérsias del trabajo, la huelga y el lock out ante el Derecho.* Buenos Aires: Zavalia, 1952.

TORNAGHI, Hélio. *Instituições de Processo Penal.* Rio de Janeiro: Forense, 1959.

TORRÉ, Abelardo. *Introducción al Derecho.* Buenos Aires: Abeledo Perrot, 1957.

TRUEBA URBINA, Alberto. *Derecho Procesal del Trabajo.* México: s.n., 1941-1944.

VALVERDE, Trajano Miranda de. *Sociedade por ações.* Rio de Janeiro: Forense, 1953.

VASCONCELOS, José Luiz. Limites do poder normativo da Justiça do Trabalho. *Synthesis*, n.10, jan./jun. 1990, p.154-155.

VERDIER, Jean Maurice. *Droit du Travail.* 10.ed. Paris: Dalloz, 1996.

VIANNA, Oliveira. *Problemas de Direito Corporativo.* Rio de Janeiro: Olympio, 1938.

VIDAL NETO, Pedro. *Do poder normativo da Justiça do Trabalho.* São Paulo: LTr, 1983.

VILHENA, Paulo Emílio Ribeiro de. *Justiça distributiva e técnica jurídica.* (Tese). Belo Horizonte: Faculdade de Direito da UFMG, 1960.

_____. Valor: realidade, ficção ou projeção da realidade. *Revista da Faculdade de Direito da UFMG.* Belo Horizonte, n. 37, p. 235-260, 2000.

WILLIAMS, Jorge N. *Interpretación de las leyes en el Derecho Norte-Americano.* Buenos Aires: Abeledo Perrot, 1959.

Produção Gráfica e Editoração Eletrônica: **IMOS LASER**
Capa: **ELIANA C. COSTA**
Impressão: **HR GRÁFICA E EDITORA**